El millonario concienciado

Joe Vitale

El millonario concienciado

Manifiesto para el movimiento de la riqueza espiritual

EDICIONES OBELISCO

Si este libro le ha interesado y desea que le mantengamos informado de nuestras publicaciones, escríbanos indicándonos qué temas son de su interés (Astrología, Autoayuda, Ciencias Ocultas, Artes Marciales, Naturismo, Espiritualidad, Tradición...) y gustosamente le complaceremos.

Puede consultar nuestro catálogo en www.edicionesobelisco.com

Colección Éxito
El millonario concienciado
Joe Vitale

1.ª edición: febrero de 2017

Título original: *The Awakened Millionaire*

Traducción: *Raquel Mosquera*
Corrección: *Sara Moreno*
Diseño de cubierta: *Montserrat Vilarnau*

Edita: Ediciones Obelisco, S. L.
Collita, 23-25 Pol. Ind. Molí de la Bastida
08191 Rubí - Barcelona
Tel. 93 309 85 25 - Fax 93 309 85 23
E-mail: info@edicionesobelisco.com

ISBN: 978-84-9111-194-8
Depósito legal: B-5.033-2017

Printed in Spain

Impreso en España en los talleres gráficos de Romanyà/Valls S. A.
Verdaguer, 1 - 08786 Capellades (Barcelona)

Para ti, el millonario concienciado

La fortuna favorece a los audaces.

VIRGILIO

Prométete

Ser tan fuerte que nada pueda perturbar tu paz mental.
Mandar salud, felicidad y prosperidad a cada persona que conozcas.
Hacer sentir a todos tus amigos que hay algo valioso en ellos.
Ver el lado bueno de las cosas y hacer que tu optimismo sea una realidad.
Pensar sólo en lo mejor, trabajar sólo por lo mejor y esperar sólo lo mejor.
Entusiasmarte tanto por el éxito de los demás como lo haces por el tuyo propio.
Olvidar los errores del pasado y aferrarte a los grandes logros del futuro.
Llevar una expresión alegre todo el tiempo y dedicar una sonrisa a cada criatura viviente que te encuentres.
Dedicar tanto tiempo a mejorarte a ti mismo que no tengas tiempo de criticar a otros.
Ser demasiado digno como para preocuparte, demasiado noble como para enojarte, demasiado fuerte como para tener miedo y demasiado feliz como para permitir la presencia de problemas.
Pensar bien de ti mismo y proclamar esta realidad al mundo, no de palabra, sino con grandes hechos.
Vivir en la fe de que el mundo entero está de tu lado, siempre y cuando seas leal a lo mejor que existe en ti.

«Credo del optimista» original, escrito en 1912 por Christian D. Larson en su libro *Your Forces and How to Use Them*

El credo del millonario concienciado

Los millonarios concienciados están motivados en primer lugar por su pasión, su propósito y su misión.

El millonario concienciado utiliza el dinero como una herramienta inspiradora para tener un impacto positivo.

El millonario concienciado se siente fortalecido continuamente, creyendo totalmente en sí mismo.

El millonario concienciado se compromete a crecer, mejorar, reinventar y siempre descubrir.

El millonario concienciado es inquebrantablemente audaz, corre riesgos y no duda.

El millonario concienciado se deja guiar por la inspiradora relevancia de su intuición.

El millonario concienciado sabe que la riqueza es todo lo que tiene, no solamente el dinero.

El millonario concienciado siente una gran gratitud por todo lo que tiene y ha logrado.

El millonario concienciado está permanentemente conectado a la abundancia universal.

El millonario concienciado es generoso, ético y se centra en el bien de los demás.

El millonario concienciado lucha por una situación beneficiosa para todos.

El millonario concienciado comparte sus dones emprendedores de manera inspiradora.

El millonario concienciado da ejemplo como catalizador para la transformación en los demás.

A pesar de lo que se pueda decir para elogiar la pobreza, el hecho es que no es posible vivir una vida realmente completa o exitosa a menos que uno sea rico. Ningún hombre puede llegar a lo más alto de su talento o del desarrollo de su alma a menos que tenga un montón de dinero; pues para desplegar el alma y para desarrollar el talento debe utilizar muchas cosas y no puede tener estas cosas a menos que tenga dinero para comprarlas.

Wallace Wattles, *The Science of Getting Rich*

Prefacio

Ésta es mi obra. He tardado treinta años en elaborar este manifiesto. Nunca he estado tan convencido de nada de lo que he enseñado o compartido con anterioridad.

El movimiento del millonario concienciado no trata sólo de construir tu futuro, elevarte y lograr el éxito tanto económico como espiritual. Se trata de todos nuestros futuros. Lo que puedes llegar a ser como millonario concienciado va más allá de tu propio gran éxito. Se trata de lo que puedes devolver al mundo, a un mundo que lo necesita. Se trata de convertirte en una fuerza positiva, para el cambio. Se trata de que marques la diferencia. Y para hacerlo, debes lograr el éxito tanto económico como espiritual. Así es como llegarás a ser la fuerza motriz que es un millonario concienciado. Debes prosperar por nuestro bien.

El mundo necesita que logres el éxito.

La visión es de amplio alcance, la llamada a la acción es fuerte y los riesgos son elevados. Por eso quiero dejar muy claro por qué deberías escucharme, pues cada éxito que he logrado, cada reto que he superado y cada sueño que he alcanzado me han llevado a este momento, aquí, contigo.

No nací en una cuna de oro. De hecho, durante la época en que viví en las calles de Dallas, Texas, una cuna de oro no habría sido mi salvación. En vez de eso, viví en la pobreza durante diez años. Probablemente he experimentado cada uno de tus retos hacia el éxito. Y en las profundidades de mi pobreza, los retos a los que todos nos enfrentamos están amplificados hasta un nivel ensordecedor.

Hoy en día he construido un estilo de vida que trasciende lo que mi yo indigente habría considerado posible. Soy un multimillonario bendecido con el nivel de riqueza y libertad que quiero para ti. Pero también estoy profundizando en mi propio camino espiritual, dedicado a crecer más, vivir más experiencias y concienciarme más. Es un viaje para toda la vida. Amo cada momento.

He tardado décadas en llegar a donde estoy hoy. Y estoy realmente orgulloso de los logros que he alcanzado. No comparto esto para alardear, sino sencillamente para demostrar que predico con el ejemplo y practico lo que enseño.

Tanto si se trata de volar a Kuwait como invitado de una princesa y cobrar una cantidad de seis cifras por hablar en su evento, o si el hijo del que fue productor de los Beatles quiere que aparezca en una película y un programa de televisión que está produciendo…

Tanto si se trata de los casi cincuenta libros que he escrito, entre los que se incluyen éxitos de ventas internacionales como *El poder de la atracción o The Secret Prayer,* o de los programas de autoayuda que baten récords vendidos por famosos publicistas como Nightingale-Conant…

Tanto si se trata de ser pionero en el *marketing* por Internet, escribir uno de los primeros libros publicados sobre el tema, usar Internet para vender más que un libro de Harry Potter, o de vender un programa de formación de gran valor y ganar medio millón de dólares en tres días…

Tanto si se trata de volar por todo el mundo, dando conferencias en países tan diversos como Rusia, Perú o Polonia, o de ser el ponente principal en grandes eventos en Estados Unidos para la Asociación de Oradores Nacionales y en eventos de megariqueza con Donald Trump y Tony Robbins en la misma factura…

Tanto si se trata de inventar *Hypnotic Writing, Hypnotic Marketing, Buying Trances, The Secret Mirror, The Secret Reflection, Miracles Coaching®, Wealth Trigger, Hyper-Wealth* y muchos más, o sencillamente saber cómo generar ideas, presentarlas y vendérselas a las masas…

Tanto si se trata de llamar la atención de cualquier medio nacional desde *Larry King Live* (dos veces) al programa de televisión de Donny Deutsch *Big Idea,* o a aparecer en ABC, Fox, CNN, CNBC y demás, o de participar en quince películas, siendo *The Secret* la más famosa de ellas…

Tanto si se trata de presentar al mundo el sistema de curación espiritual llamado *ho'oponopono* a través de mis libros *Cero límites y En el cero,*[1] llegando a unos cinco millones de personas, o de seguir el impulso espiritual como músico cerca de los sesenta años y grabar quince álbumes según el último recuento…

Tanto si se trata de desarrollar un enfoque espiritual hacia la riqueza, ignorando métodos despiadados y siempre centrándome en un enfoque hacia el éxito equilibrado y saludable, basado en la pasión y el propósito, o de saber cómo crear negociaciones que beneficien a todos y dirigir los negocios desde el corazón…

Tanto si se trata de escuchar a prácticamente cualquier persona durante veinte minutos y ver o crear una idea para ganar dinero única y específica para ella, o de crear *Operation YES,* un movimiento para acabar con la indigencia, recaudando fondos para los que viven en la pobreza, o enseñando a los que luchan contra la indigencia a pensar a lo grande, enfrentarse a sus limitaciones y perseguir sus ideales más altos…

Tanto si se trata de descubrir un «secreto faltante» en el autodesarrollo, el concepto de *contraintenciones* y enseñar a los demás cómo cualquiera puede superar y acelerar sus resultados, o de convertirme en un experto en la ley de la atracción, saber cómo usarla, enseñarla e ir más allá de ella…

He alcanzado el éxito económico. He saboreado el despertar espiritual. Y he enseñado a millones de personas el camino para llegar hasta allí. Éste es el siguiente nivel.

Estos logros se han convertido en mi legado. Pero te los cuento para ganarme tu confianza, ya que el camino que tenemos por delante así lo requiere.

Tengo algo que enseñarte. Quiero motivarte para que vayas a por tus sueños y los alcances. Y quiero que lo hagas siguiendo tu pasión. Cuando aprendas cómo convertir tu pasión en beneficios y a marcar la diferencia en el mundo expresando lo singular que eres, tu vida se tornará milagrosa. Habrás descubierto la Riqueza Espiritual.

Y, en ese momento, te convertirás en un millonario concienciado.

Este manifiesto es mi herramienta para lograr ese noble sueño para ti.

Como verás, el libro en sí es ligeramente poco ortodoxo. Pero cumple con una estrategia específica: despertar tu yo lógico y emocional, dos

---

1. Ambos libros publicados por Ediciones Obelisco.

caras que deben unirse mientras inicias tu camino para llegar a ser un millonario concienciado.

Este manifiesto es un grito de guerra para que te unas a un movimiento.

Por favor, léelo, absórbelo, reflexiona sobre él y ponlo en práctica.

Tengo la misión de ayudar a elevar el mundo de las luchas innecesarias a las que nos enfrentamos. Todo empieza por ayudarte a transformar y alcanzar los sueños económicos y espirituales que albergas.

Esto es para ti. Esto es por nosotros.

¿Me acompañas?

JOE VITALE
Austin, Texas
www.awakenedmillionaireacademy.com/begin

Introducción

Vishen Lakhiani

He sido seguidor de Joe Vitale hasta donde alcanza mi memoria. Descubrí los libros de Joe cuando estudiaba en la Universidad de Michigan y me abrieron los ojos ante la idea de que no tenía que seguir el camino tradicional: obtener buenas calificaciones, graduarme, encontrar un puesto de trabajo de nueve a cinco y ganarme la vida. Más bien, sus libros me abrieron a la idea de que la vida es algo más que ese camino que siguen los demás. Por esta razón, me siento honrado de escribir este prefacio.

El libro de Joe *El millonario concienciado* cumple un importante objetivo, ya que es un manifiesto para el planeta. Se trata de sacar provecho; es una llamada de atención para salvar a la gente de seguir el camino tradicional en la vida de trabajar duro para conseguir un empleo, trabajar como esclavos de nueve a cinco, ganar dinero para poder pagar las facturas, para poder sobrevivir. La mayoría de la gente está en modo de supervivencia cuando debería estar en modo de prosperidad. Así que este libro bien podría salvarte y llevarte por un camino en el que en realidad vivas una vida con sentido.

El problema del sistema educativo es que preguntamos a las personas: «¿Qué quieres ser de mayor?». Y la naturaleza de esa pregunta, y la naturaleza de la idea en sí misma, sugiere que crecemos para asumir una carrera en particular, para ganar dinero, para pagar las facturas, para sobrevivir.

Una pregunta mejor podría ser: «¿Qué es lo que realmente disfrutas haciendo que puedas convertir en un regalo para el mundo?». Ésta es la pregunta que este libro te va a hacer responder. No se trata de riqueza espiritual. Se trata de hacer las paces con el dinero. No ver el dinero como algo por lo que tienes que sudar tinta para ganar, sino como tu recompensa por hacer buenas acciones para el mundo y cumplir tu misión.

Y sucede algo sorprendente cuando trabajas en algo que sientes que es una misión. Te impulsa. Te inspira. Te motiva. No sientes la vida como un camino cuesta arriba. La sientes prácticamente como si tuvieras el viento a favor mientras te mueves hacia esa misión. Al hacer esto, el trabajo se esfuma. El trabajo deja de existir en tu vocabulario, porque cuando trabajas en tu misión nada te hace más feliz. El dinero es sólo un hermoso efecto secundario.

Este libro es el mejor del trabajo de Joe hasta ahora, quizás su obra más grande después de treinta años y cincuenta libros. Está diseñado para motivar a las personas para estirarse, para crecer, para servir, para despertar. La primera parte del libro habla desde la «perspectiva del nosotros» para ayudarte a darte cuenta de que todos somos uno y por ello, ¿que podría ser más importante que la creación de una misión que sirva al colectivo de la humanidad?

La segunda parte del libro es acerca de ti, desde la «perspectiva del tú» para abordar tu propia llamada personal a la acción. Te ayuda a identificar tu misión, cómo asegurarte de que es la correcta y cómo obtener beneficios económicos de ella.

Muy pocos libros en la historia han cambiado en realidad el curso de la historia. Este libro, el manifiesto, está diseñado para hacer lo mismo para una nueva generación. Tu generación. Mi generación. El momento es ahora. El libro está aquí.

Gracias.

VISHEN LAKHIANI
Fundador de Mindvalley
Autor de Code of the Extraordinary Mind

Agradecimientos

¿Por dónde empiezo? Tengo muchas personas a las que dar las gracias. Sin el entusiasmo, la persistencia, la dedicación y la pasión de Mitch Van Dusen, este libro podría haberse quedado en una idea que jamás hubiera visto la luz. Él y su esposa, Paloma Mele, fueron los responsables directos de la creación de las bases de este manifiesto. Matt Holt y mis amigos de John Wiley & Sons, Elizabeth Gildea y Shannon Vargo, vieron el valor de este libro y rápidamente se ofrecieron a publicarlo. Dawn Kilgore de Wiley me proporcionó excelentes consejos editoriales. El grupo Statbrook, compuesto por Frank Mangano, Steve G. Jones, Paul Mascetta y Glenn Cucurullo, siempre apoyan mis ideas de producto; juntos hemos creado un producto *online* y un movimiento alrededor de este libro en www.awakenedmillionaireacademy.com/begin. Suzanne Burns y Zion Chantelle han estado conmigo durante mucho tiempo, como amigos y asistentes, y sin ellos pocos de mis proyectos se hubieran llevado a cabo. Achieve Today, que dirigen mi programa Miracles Coaching®, son todas bellas personas que me ayudan a llevar mi trabajo al mundo. Y, por supuesto, Nerissa, mi amor, siempre está ahí para mí. Os amo y os doy las gracias a todos.

Prólogo

En tu cabeza se está librando una batalla extraña y esquizofrénica.

Estás en el frente de batalla, con un arma en tus manos llenas de ampollas, mientras disparas con fanatismo y de forma continua en una bruma cegadora. No puedes ver más allá de ella.

Pero el enemigo está allí, amenazante, como un perro rabioso.

De vez en cuando ves brillar una sombra a través de la neblina, un destello de movimiento sin una forma que lo defina. Te gustaría decir que ves caras, cuerpos y árboles, pero no hay nada claro a excepción de la batalla. La batalla es un gigante que es imposible no ver. El enemigo debe de ser un gigante también.

Pero en realidad todo lo que conoces del enemigo es la niebla que lo esconde. La niebla que no huye. Es tan persistente como tú.

A izquierda y derecha ves largas filas de personas, hombres y mujeres, dedicadas con la misma compulsión y vigor. Algunas gritan como fieras, disparando ráfagas de balas en la niebla. Algunas se limitan a seguir disparando, estoicamente comprometidas.

Nadie tiene el aspecto de un soldado curtido o un combatiente entrenado. Sois simplemente personas. Todo el mundo parece haberse endurecido por agotamiento.

Estás cansado, tus huesos destrozados y tu alma hundida. Tus manos están llenas de callos. El lodo se ha entretejido con los hilos de tu ropa. Tus hombros están tensos y contorsionados; es el aspecto de alguien que abraza de forma permanente un rifle.

Sin embargo, nadie se atreve a descansar. El enemigo está aquí. La guerra es real. Hay mucho en juego. Eso es todo lo que debes saber.

No recuerdas cuándo comenzó esta guerra.

No recuerdas la cara del enemigo contra el que luchas.

No recuerdas la última vez que te acostaste.

La duda te invade, pero tu ferviente convicción nunca te ha abandonado.

No consientes las dudas. Estás luchando por el bien. Estás luchando por lo justo. Estás luchando por tu propia supervivencia.

Eso es todo lo que debes recordar, así que no lo olvides nunca.

Debes mantenerte fiel a ti mismo y perseverar, así que hazlo.

Te detienes un momento y descansas los ojos. Entonces, sientes una cálida mano descansando sobre tu hombro.

Te hubieras sobresaltado con los nervios de punta, pero el suave roce es amable y te desarma.

«Acompáñame. Hay algo que debes ver». La voz de la mujer es suave.

Va vestida con ropa sencilla. No lleva uniforme. No lleva armas. Pero puedes ver los viejos callos en la mano con la que aprieta el gatillo. No son como los tuyos. Se han suavizado.

Hay algo que la hace discretamente convincente. Parece... buena. Una buena persona. Tranquila y serena. Su actitud es segura, pero dulce.

¿Por qué está aquí?

Dices que no con la cabeza. No puedes abandonar la causa. No puedes retirarte de tu puesto.

Aun así te levantas.

Dejas tu arma en el suelo, te apartas de tu búnker y la sigues en silencio. Tus compañeros de lucha se vuelven y te miran con la mirada llena de veneno.

Tu cuerpo sigue agitado por las vibraciones de tu pistola, tus brazos se sienten incómodos al no tener un arma que sostener.

La culpa y la rabia se reflejan en tu cara a medida que la sangre te baja hacia los pies.

Te sientes un traidor.

Pero ella camina y tú la sigues.

Espasmos musculares y rodillas débiles..., estás incómodo. No recuerdas cuánto tiempo ha pasado desde la última vez que caminaste.

Pero ella sigue caminando y tú no dejas de seguirla.

Mientras pasas por delante de tus compañeros soldados que siguen luchando observas una futilidad que nunca habías reconocido.

No somos soldados, te dices a ti mismo. No somos soldados.

Te pierdes en tus pensamientos antes de darte cuenta de que has llegado al final de las filas. Tu guía ha abandonado la trinchera y ha empezado a caminar sin miedo…

¿Por qué caminamos hacia las líneas del enemigo?

Tu dolor y tu curiosidad dejan paso al miedo y la confusión. Pero no te detienes.

El miedo envía un torrente de sangre a tus mejillas. Te sientes un poco mareado. Pero no dices nada. Estás muerto de miedo. Pero sigues caminando.

¿Hacia dónde te lleva?

Entonces se detiene. Señala una pequeña colina a tu derecha y hace un gesto hacia ella con la mano abierta.

Subes la colina por delante de ella en silencio. Camina a tu lado, siguiendo tu ritmo forzado sin dificultad. Es un gesto amable y compasivo.

Cuando llegas a la cima te das la vuelta.

Allí está. El campo de batalla. Como jamás lo hubieras imaginado.

A la izquierda, ves la brillante luz de bocas de pistolas rodeadas de niebla. Son las pistolas de tus compañeros soldados que disparan con frenética desesperación.

A la derecha, finalmente ves más allá de la niebla.

No hay nada.

No hay enemigos, no hay gigantescas máquinas de guerra, no hay aterradoras bestias.

Sólo hay un pequeño bosque de árboles lleno de balas sin objetivo.

El grito ahogado que se te escapa te sorprende casi tanto como el lugar que hay delante de ti.

Cada músculo de tu cuerpo se agita por el horror.

Tus ojos abiertos como platos se salen de sus órbitas.

¡No hay nada!

Impulsivamente agarras su mano y la aprietas con violenta confusión.

Quieres gritar, pero lo único que emites es un susurro forzado: «¿Para qué hemos estado luchando?».

Ella gira su cabeza hacia ti, con los ojos llenos de bondad.

«Por el amor al dinero».

Sección uno

Nosotros

Capítulo 1

La verdad

El dinero no es necesario para comprar una necesidad del alma.

HENRY DAVID THOREAU

Verdadero o falso:

El dinero es la raíz de todo mal.
El dinero es el mayor destructor.
El dinero no puede comprar la felicidad.
El dinero no puede comprar la paz interior.
El dinero lo corrompe absolutamente todo.
El dinero endurece el corazón.
El dinero es nuestra locura.
El dinero es nuestra prisión.
El dinero nos controla.
El dinero nos cambia.
El dinero nos hace ser avariciosos.
El dinero nos hace pobres.

Estamos en guerra con el dinero. No sabemos cuándo comenzó, ni siquiera por qué. Pero nos parece bien. Es la batalla que debemos librar porque nosotros somos más importantes que el dinero. Nuestras almas están en peligro. El dinero no debería ejercer poder alguno sobre nosotros. Pero lo hace. Así que entonamos el grito de guerra.

Lo maldecimos y lo hacemos con placer, con ira, con despecho, con veneno.

Nuestras almas se oponen a él como si fuera todo lo podrido de la humanidad.

Odiamos el control maligno con el que nos domina.

Nos molesta su maliciosa indiferencia por la tensión que genera.

Desdeñamos la codicia que conlleva.

Nos inquieta la astuta manera en que mina nuestra salud, nuestra longevidad y nuestra felicidad.

Nos fastidia que nos convierta en indefensas víctimas de su poder.

Nos quejamos como niños malcriados por el sufrimiento con el que nos obsequia.

Lo quemaríamos alegremente, billete a billete, si no lo amáramos tanto.

Sí, estamos enamorados del dinero.

Sea lo que sea esta guerra fabricada, no puede tocar ese deseo insaciable de poseerlo, codiciarlo y amarlo.

Soñamos con tener los bolsillos repletos y sueldos desorbitados.

Codiciamos esa mágica libertad económica.

Lo veneramos ignorando descaradamente las consecuencias.

Estamos convencidos de que lo necesitamos para comprar la felicidad.

Tenemos envidia a los que lo tienen.

Protestamos cuando lo perdemos.

Nos regocijamos cuando lo ganamos.

Rogamos y suplicamos por él, luchamos por él y lloramos por él.

Maldeciríamos con violencia a un hombre que lo quemara alegremente, billete a billete.

¡Qué locura! ¡Qué modo tan retorcido de conducirse por la vida!

Si tuviéramos el mismo tipo de relación con nuestros amantes, sería disfuncional y emocionalmente abusiva. *Te quiero, te necesito, quiero más de ti. Me das asco, me envenenas. Eres mío, sólo mío. Quieres a todo al mundo excepto a mí.*

Mantenemos una relación con el dinero nos guste o no. No va a desaparecer. No va a morir. Vivimos con el dinero y el dinero vive con nosotros. Aun así peleamos y luchamos sin cesar.

Este círculo vicioso parece ser nuestro sino.

Sin embargo, mientras peleamos, luchamos, amamos y odiamos, existe un pequeño grupo de personas que lo poseen y no lo necesitan. Personas empapadas de prosperidad que tienen todo lo que desean. Todo, incluso una misión y un propósito. Personas que saborean un gran éxito mientras que el dinero es la menor de sus pasiones.

Ni lo aman, ni lo odian.

Ni pelean ni luchan por él.

Disponen de él y aun así lo respetan.

No pelean por él, sino que regalan con él.

Y por alguna razón siguen ganando dinero.

Pero este enfoque tolerante es una excepción a la regla y el mundo que nos rodea no nos ayuda a ganar esa tolerancia y mucho menos a reconocer su potencial. Veamos cómo el veneno mental lo evita.

Un hombre conduce de camino al trabajo por la ruta 180 en St. Louis, Missouri, cuando su Toyota Corolla del año 1993 comienza a desprender humo y vapor bajo el capó. No tiene dinero para pagar una reparación, pero si no llega al trabajo no le pagarán su remuneración por horas. Sin tarjeta de crédito ni otro tipo de recurso, se dirige con rapidez al lugar más cercano donde conceden préstamos. En unas horas recibe un préstamo de quinientos dólares y lleva su Corolla a un taller. Dos semanas después recibe su salario, pero no consigue reunir el dinero suficiente para devolver el préstamo a corto plazo. La deuda pasa a ser de seiscientos cuarenta y cuatro dólares en un solo día y sigue creciendo de manera asombrosa durante los siguientes meses. La compañía de préstamos finalmente le denuncia y pierde todo lo que tiene, incluso su empleo.

Su conclusión: *El dinero es malo.*

Dos hermanas se reúnen en la oficina de un abogado para escuchar el testamento de su madre por primera vez. Se enteran de que a la hermana mayor le ha tocado la mayoría de los bienes de su madre, y a la hermana menor le ha dejado una pequeña cantidad encerrada en un fideicomiso. Más tarde, en el salón de la otra hermana, la más joven pregunta enfadada por qué ha sido tan mal recompensada en el testamento.

La hermana mayor menciona con cautela los problemas de la más joven con las drogas y el alcohol, así como su ausencia en el hospital durante los últimos meses. La hermana menor monta en cólera y así comienza una lucha tan terrible que no pueden hablarse la una a la otra. Incluso después de volver a contactar años más tarde, la hermana menor siente resentimiento. La mayor se siente culpable por mantener su parte;

sin embargo, nunca ofrece a su hermana ningún tipo de ayuda económica por temor a insultarla.

Su conclusión: *El dinero es el mayor destructor.*

Cada día, desde hace veintitrés años, un hombre comienza su día en la cafetería de su barrio donde se toma un café y un bocadillo para desayunar y compra un boleto de lotería. No tiene mucho dinero, así que rara vez lo derrocha en un boleto de los caros. Pero después de haberse gastado miles de dólares en boletos de lotería a lo largo de los años, le toca el bote. Cuando le dan la opción de recibir el premio en veintiséis plazos anuales o en un único pago, escoge lo segundo. Quiere ver tres millones de dólares en su cuenta bancaria. Al haber sido un niño que no sabía si habría agua caliente al abrir el grifo de la ducha y del que se burlaban por llevar ropa heredada de sus hermanos dos tallas demasiado grande, decide mostrar a todo el mundo lo que nunca tuvo. Se compra una casa, un bonito coche, un barco y conoce a su esposa. También compra una casa para sus padres. Vive en unas permanentes vacaciones de derroche. Dona dinero a comunidades del vecindario. En cinco años, su cuenta bancaria está a cero. Vende la casa, el coche y el barco. Su mujer le abandona y finalmente vuelve a trabajar y a una cafetería distinta.

El hombre concluye: *El dinero no puede comprar la felicidad.*

Una madre soltera tiene dos empleos para poder criar a sus hijos. No recuerda la última vez que estuvo sin trabajar, cocinar o limpiar. Cada mes las facturas aumentan, y cada uno de esos sobres con ventana que saca del buzón es otro de esos miles de momentos en que se le cae el alma a los pies. No hay manera de liquidarlas, y a la vez que la jubilación se parece cada vez más a un cuento de hadas que le contaron sus padres, no puede ver el fin de la situación.

La madre concluye: *El dinero es nuestra prisión.*

Un joven acepta un empleo para trabajar en una empresa que no le gusta, vendiendo productos en los que no cree, dirigiéndose a clientes potenciales sin alegría ni entusiasmo. Sufre en el trabajo, no consigue tener ingresos y lucha por pagar sus facturas. Con el tiempo, pierde el respeto hacia sí mismo, su familia y su salud.

Su conclusión: *El dinero nos hace avariciosos.*

Una mujer emprende un negocio por su cuenta. Sin conocer sus creencias ocultas sobre el dinero y el éxito, invierte todos sus ahorros y sus préstamos en su negocio. Cuando fracasa, pide prestado más dinero, vacía sus tarjetas de crédito y lucha por sobrevivir. Se arruina antes de darse cuenta.

Su conclusión: *El dinero nos hace pobres.*

¿Pero las conclusiones de estas almas bien intencionadas son hechos o creencias?

Demasiados de nosotros creemos que lo que pensamos son verdades, cuando en realidad son creencias compartidas que no se sostienen ante una reflexión profunda.

Las creencias crean nuestra realidad. Influyen en lo que vemos. Filtran los hechos. Y muchos de nosotros terminamos pensando que debemos luchar, pasar hambre y desear una vida mejor.

Aun así, en muchos de esos momentos que tantos de nosotros compartimos, miramos al otro lado con envidia. Personas que han encontrado un modo de liberarse de las ataduras del dinero. Pensamos que las personas que rehúyen del dinero son mejores que nosotros. Nos avergonzamos por no ser capaces de ser tan valientes. Existen almas valientes que, en un momento de orden divina, dejan sus trabajos, venden sus casas y todas sus pertenencias y emprenden un viaje sin saber cuándo ni cómo regresarán. Sin la amenaza del dinero pisándoles los talones.

Admiramos su coraje.

Vemos a los devotos espirituales adoptar una vida de pobreza y entregar sus almas a su dios y al bien supremo. Pasan sus vidas sin un atisbo de lujo excepto por el gran lujo de la libertad y una pureza enternecedora. Son el altruismo en persona. Trabajan duro en países devastados por la guerra ayudando a aquellos que se encuentran en las situaciones más desesperadas, impasibles ante la amenaza del caudillo que espera a la vuelta de la esquina para arrebatar un nuevo cuerpo.

Admiramos su pureza.

Vemos a los poetas, artistas de leyenda, que de un modo romántico rechazan el dinero para casarse con su musa divina en su lugar. Sufren la pobreza, la escasez de ropa y comida y la amenaza del desahucio por la emoción absoluta de perseguir su pasión. Su pasión…, qué idea tan deliciosa la de dedicarse en cuerpo y alma a una causa tan encomiable. Pasión desbocada por lo que el resto de nosotros cada día sufrimos…, deseamos y necesitamos. Estos nobles espíritus no tienen deseos ni necesidades. Es como si bebieran el aire, se empaparan del sol y encontraran todo el alimento que necesitan para su sustento, como las vides silvestres que fieles se extienden hacia arriba en reverencia ante el cielo.

Admiramos su tenacidad.

Y aquí estamos, con montañas de facturas a nuestra izquierda mientras a la derecha observamos con nostalgia a esas valientes almas libres en un mundo sin preocupaciones económicas. Puede que sufran. Puede que luchen. Pueden pasar días con hambre..., pero son libres. Son baluartes de una vida con pasión. Son la personificación de lo que realmente significa estar vivo. Están viviendo la vida al límite. Poseen un objetivo desenfrenado. Son los verdaderos siervos de lo divino.

¿Pero cuál es la creencia más insidiosa de todas?

¿Cuál es la creencia oculta que nos mantiene a la mayoría de nosotros en la ignorancia acerca del dinero?

Estas historias de las almas codiciosas y el espíritu inspirado por la pasión son tan antiguas como el propio dinero. De hecho, tal vez el dicho más popular que ha extendido a lo largo y lo ancho de nuestra sociedad es una antigua cita de la Biblia. Puedes completarla tú mismo: «El dinero es la raíz de todo ______».

Conoces la palabra. Está en tu subconsciente y ahora en tu mente consciente. No importa si somos cristianos o no. Esa cita ha impregnado el mundo secular de fuerza y longevidad. La encarnación del demonio espera con paciencia doblado en tu billetera para saborear la luz y torturar tu alma una vez más.

Pero esa cita de la Biblia no es precisa.

Esas palabras intemporales, el dinero es la raíz de todo mal, son fraudulentas.

La verdadera cita de la Biblia pinta un cuadro muy diferente: «... aquellos que quieren enriquecerse caen en tentaciones, en lazos y en muchas codicias locas y perniciosas, que hunden a los hombres en la perdición y en la ruina, porque la raíz de todos los males es la avaricia, y muchos, por dejarse llevar por ella, se extravían de la fe y a sí mismos se atormentan con muchos dolores». Timoteo 1, 6:9-10.

Y aquí es donde observamos la primera ironía del despertar; no el despertar bíblico, sino el universal.

El amor por el dinero...

El amor por el dinero es la raíz de todo mal...

Y los verdaderos millonarios concienciados no están enamorados del dinero.

Lo utilizan, lo aprecian, lo aprovechan, pero no están enamorados de él.

Mientras que esto no desestima los actos de avaricia y corrupción que algunos hombres y mujeres han perpetrado en nombre del dinero, sí que plantea una pregunta cargada de una nueva visión.

¿Es el dinero la raíz de la avaricia y la corrupción?

¿Es el dinero la causa de todo nuestro dolor y sufrimiento?

¿Es el dinero el demonio oculto tras nuestros deseos y necesidades malditas?

¿Es el dinero la única fuerza responsable de tamaña miseria y lucha colectiva?

¿O podría ser algo totalmente distinto?

¿Y si lo consideráramos como lo que es: un objeto inanimado? ¿Un trozo de papel? ¿Un disco de metal?

¿Y si pudiéramos despojarnos de todas nuestras nociones sobre el dinero? ¿Y si pudiéramos abandonar nuestras ideas negativas además de nuestro voraz deseo por él?

¿Podríamos transformar completamente nuestra relación con el dinero? ¿Podríamos imaginar un nuevo futuro exento de una batalla tan extraña y esquizofrénica en nuestras cabezas?

¿Y si consideráramos que esta perspectiva totalmente contradictoria del dinero condujera a una mayor felicidad, un éxito más verdadero, y abriera nuestras vidas a la abundancia?

¿Podría ser posible?

Estoy aquí para decirte que sí lo es. Es posible. No es una fantasía ni una ilusión utópica. Y no se trata de esconder la cabeza con torpeza.

De hecho, existe un modelo saludable de cómo relacionarnos e interactuar con el dinero inculcado en un pequeño grupo de gente. Es una realidad liderada por esta discreta clase de visionarios y apasionados proveedores del bien.

Está aquí. Ahora.

Conoce al millonario concienciado.

Capítulo 2

Millonarios concienciados

> *Lo que realmente queremos hacer es lo que realmente estamos destinados a hacer. Cuando hacemos lo que se supone que debemos hacer, el dinero viene a nosotros, las puertas se abren para nosotros, nos sentimos útiles y el trabajo que hacemos parece un juego.*
>
> JULIA CAMERON

Probablemente nunca hayas oído hablar de Vash Young, pero a principios de los años treinta escribió uno de los libros de autoayuda más influyentes de la época: *A Fortune to Share.* Young hizo una fortuna en el negocio de los seguros de vida durante la Gran Depresión, mientras otros luchaban, morían de hambre o se suicidaban, y escribió sus libros para enseñar a las personas cómo preocuparse por los demás, ser feliz en el momento presente y contribuir de verdad. Sus libros son todavía amenos y relevantes hoy en día, aunque ya hace mucho tiempo que Young falleció.

Bruce Barton era conocido como «el hombre al que todo el mundo conoce».

Un loco que no estaba loco. Era un conocido genio de la publicidad, cofundador de BBDO en 1919, una de las agencias de publicidad más grandes del mundo, y también un autor de éxito. Sus libros, como *The Man Nobody Knows,* mostraban a Jesús como un hombre de negocios que cogió a doce personas y transformó el mundo. Mi propio libro sobre Barton, *The Seven Lost Secrets of Success,* muestra a un hombre enamorado de los principios sobre los beneficios.

Mary Kay Ash: «Una idea mediocre que genere entusiasmo llegará más lejos que una gran idea que no motive a nadie».

Ella motivó a las mujeres. Regalaba Cadillacs de color rosa a las mejores vendedoras de sus productos de belleza. Su objetivo era sacar provecho de su pasión para ayudar a que las mujeres encontraran su independencia.

Allen Carr intentó hacer que el mundo dejara de fumar cigarrillos.

Carr había sido un fumador empedernido que descubrió y desarrolló una «curación por el habla» que funcionaba. Pasó el resto de su vida enseñando al mundo su método *Easyway.* Desde celebridades hasta personas anónimas escucharon su presentación y dejaron de fumar. Irónicamente, Carr murió de cáncer de pulmón. Los fumadores que escuchaban su charla tenían permiso para fumar mientras él hablaba. Como consecuencia por respirar el humo ajeno, se puso enfermo. Cuando se enteró, Carr dijo: «Ha valido la pena». Así de importante era para él su mensaje. Tenía una misión.

Debbie Ford trajo la luz a la oscuridad.

Escribió libros que hacían a las personas ser conscientes de sus debilidades ocultas para poder recuperar su poder y lograr sus sueños. El libro *Los buscadores de luz* ayudó a personas que se estaban engañando a ver sus creencias ocultas y liberarse. Apareció en televisión, en películas y dio charlas por todo el mundo a personas de todos los lugares.

¿Qué tienen en común?

Todos eran millonarios concienciados.

No tienen una organización ni un club. No se mueven en manada para asistir a cumbres anuales. No tienen un término para sí mismos. En muchos casos, ni siquiera son conscientes de lo que son.

Sencillamente lo son.

Estos visionarios prácticos viven según un extraño credo; solamente extraño porque nos va a sorprender su fórmula. Es una ruptura total de lo que hemos considerado un hecho con una convicción tan manida que no vemos más que una densa niebla.

La fórmula es sencilla.

Alma + Dinero = Mejor Alma + Más Dinero

Alma más dinero es igual a una mejor alma y más dinero.

Nuestro primer instinto es rechazar totalmente esta fórmula.

El amor por el dinero es malo. El dinero destruye. Corrompe. Ciega. Desde luego no enriquece el alma. Lo que observamos sistemáticamente es que el dinero mata el alma.

Pero considerar que el dinero y el alma no sólo funcionan juntos en armonía, sino que ambos producen más parece una locura.

Sin embargo, tenemos ejemplos de esta forma de vida, de esta relación muy diferente con el dinero, de esta visión de la pasión y propósito de vida.

Contamos con los millonarios concienciados y cada paso que dan refuerza esta fórmula.

No son criaturas sobrenaturales. No son los héroes de leyenda. Llevan vidas muy reales que pueden parecer simples o nada excepcionales para el observador casual. Pero cuando separamos las capas vemos el trabajo interior de este nuevo paradigma que nos está esperando al resto.

No es el amor por el dinero lo que los mueve. Es una visión singular.
No es el deseo de más dinero lo que los motiva. Es el deseo de compartir su pasión.
No es la base de la comodidad lo que los mantiene estables. Es la base del propósito.
No es la luz de objetos brillantes y ostentosos juguetes lo que los guía. Es la luz de una misión.

Esto podría interpretarse como la lista de un santo, pero no hablamos de santidad.

Los millonarios concienciados tienen una forma de espiritualidad en su interior. Cualquiera que sea la forma que tome esa espiritualidad, deriva enteramente de la persona, como debe ser. Tanto si se conectan a un poder específico superior como si tienen la sensación de algo poderoso fuera de sí mismos.

Puede estar o no conectada con la religión. No pocas veces, los millonarios concienciados tienen su propia conexión con ese algo supremo que es único para ellos. Tienen una relación personal con su propio sentido de su origen.

Cuando caminan, van a la iglesia.

Cuando hablan, rezan.

Cuando trabajan, practican la devoción.

De nuevo, cada persona decide cuál su espiritualidad, que puede incluir o no la participación en una religión en concreto. Cuando se conciencian, se dan cuenta de que ellos *son* la espiritualidad que buscan.

Los millonarios concienciados no son solamente seres buenos, sino seres buenos que manejan el dinero *como una herramienta* para llevar a cabo su misión.

El dinero es una herramienta para el alma.

El dinero es un colaborador del alma.

El dinero es un embudo que canaliza la luz del alma hacia el mundo tangible, con consecuencias tangibles.

Mientras que a los millonarios concienciados les parece que el dinero fluye desde y hacia ellos con facilidad, no lo ganan ni lo gastan sólo en ellos o sus familias. Detrás de su pasión, detrás de su propósito y detrás de su misión, realizada con dinero y ejecución, hay una solemne conciencia de que ahora pueden lograr lo que los impulsa.

Nuestra pasión son los sentimientos fuertes y amorosos que se revuelven en nuestro interior. Es nuestro deseo profundo.

Nuestro propósito no es simplemente lo que deseamos, sino que se refiere a la razón de nuestra existencia.

Y nuestra misión es un propósito profundo acompañado de un convencimiento apasionado. Es nuestra vocación.

Pasión + Propósito = Misión

Nuestra relación colectiva con el dinero nos está hundiendo. Este amor y odio, y las chispas que saltan cuando bailan juntos, no sólo dañan al individuo que sufre. Se propaga, como los daños colaterales, hacia aquellos que nos rodean, a la comunidad y a la sociedad en su conjunto.

Puede que algunos millonarios del mundo actual tengan una pasión. Sin embargo, algunos sienten pasión por el dinero y poco más. Desafortunadamente para ellos, a menudo se aplican los estereotipos negativos sobre el dinero. Su corrupción, abusos de la ley y de las personas, y su avaricia suelen ser el origen de nuestras opiniones viscerales acerca del dinero y cómo nos afecta.

Los millonarios concienciados ven mucho más allá.

Son conscientes de su propósito, su pasión y su misión, y su próspera relación con el dinero sigue el ejemplo.

Seamos claros: no necesitamos ser millonarios literalmente para convertirnos en millonarios concienciados. Puede que tengamos millones en el banco. Incluso miles de millones. O puede que tengamos miles. Debemos mirarnos a nosotros mismos para entender qué significa para nosotros la prosperidad como individuos. Debemos imaginarnos la prosperidad de un modo holístico. La abundancia no sólo se refiere, ni debería referirse, a las finanzas. Sólo nosotros sabemos qué nos aportará sentido, alegría y una sensación de prosperidad.

¿Entonces por qué utilizamos el término «millonario»?

Porque millonario es un concepto. Una metáfora. El millonario ha sido desde hace mucho tiempo la obsesión de nuestra sociedad, el símbolo absoluto de alguien que lo tiene todo. Alguien que deseamos ser, que ambicionamos, hacia el que albergamos envidia o un odio absoluto.

Debemos recuperar la palabra «millonario».

Debemos retirarle su mancha enfermiza del dinero y pintarla de nuevo con un propósito más profundo que esté a la altura de lo que el dinero puede llegar a ser en realidad. Permitiremos que renazca como una inspiración para nosotros. El millonario concienciado inicia el viaje para ganar tanto dinero consciente como pueda para fortalecer el impacto de sus pasiones.

Alma + Dinero = Más Alma + Más Dinero

Éste es el nuevo grito de guerra, no para la batalla, sino para la prosperidad en todos los sentidos.

Capítulo 3

Un despertar

Si una persona adquiere la actitud correcta sobre el dinero, esto le ayudará a enderezar casi todas las otras áreas de su vida.

BILLY GRAHAM

Ésta es la historia de un despertar verdadero.

La década de 1960 en Estados Unidos no fue una época fácil para muchos. El muchacho supo lo que era el trabajo duro desde una edad temprana trabajando en los ferrocarriles. Su padre era de los que no se saltaba un día de trabajo y puso a su hijo a trabajar cuando tenía cinco años. Cualquier momento en el que no estaba en la escuela, trabajaba en las vías. Era gratificante en cierto modo, ya que le pagaban un dólar por hora y le daban el almuerzo gratis, pero apenas recibía la estimulación que el niño deseaba.

No había mucho que contar de su pueblo rural en Ohio. William McKinney había nacido allí, y la biblioteca pública, que conmemoraba al presidente de Estados Unidos, era una atracción turística. Su familia estaba profundamente enraizada en los valores de la clase trabajadora. Vio el sufrimiento y la miseria en las caras de sus vecinos. Oía sus historias cuando se pasaban a tomar una taza de café o un vino casero después del trabajo. Todo el mundo tenía problemas.

El borroso televisor de la familia contaba historias similares. Incluso comedias de éxito como *La isla de Gilligan* instruía inocentemente a las personas para pensar que los ricos eran codiciosos y desagradables. Series aclamadas como *The FBI Story* enseñaban que las personas hacen cosas horribles en su búsqueda del dinero. Otros programas de televisión, como *The Rockford Files,* transmitían la idea de que el dinero corrompe. La programación era insidiosa, pero pocos se daban cuenta. Después de todo, se trataba simplemente de entretenimiento.

Desde muy joven, sabía que quería ser escritor. Parte de ello era por el mito en torno a la vida del escritor, las aventuras inmunes a los baches de la vida de la mayoría de la gente. Leía libros de y sobre Jack London y ansiaba la vida silvestre. Viajar a lo largo y ancho del mundo, experimentar ciudades exóticas y luchar con monstruos legendarios eran pensamientos fascinantes que apenas podían encajar en ese chico de pueblo.

Pero parte de ello era su deseo de dar alegría. Él quería hacer sentir mejor a las personas. Es difícil para un niño pequeño entender las complejidades de los qués y los porqués tras el sufrimiento de las personas, pero las caras largas y el olor a tristeza eran fáciles de entender.

Él quería hacer feliz a la gente.

Quería escribir comedia, o espectáculos cómicos, para hacer sonreír a la gente. Quería escribir libros que inspiraran a las personas a alcanzar una vida más feliz. Estaba cansado de ver la miseria y el pesimismo, y de sentir su propia tristeza por la lucha de la vida. Quería marcar la diferencia con su escritura.

Su deseo de ser escritor crecía cada vez más dentro de él a medida que se hacía mayor. El peso del mundo que le rodeaba hizo que ese deseo creciera más rápido. No sabía cómo sería, qué iba a escribir, pero sabía que quería hacerlo. Y sabía que quería hacer feliz a la gente. Ver la difusión de los horrores de la guerra de Vietnam en todas las casas, ser testigo de la lucha por los derechos civiles en la televisión nacional, experimentar el trauma de ver a un querido presidente de Estados Unidos, senador y líder de la paz ser asesinado era más de lo que podía soportar.

Siendo joven y sin educación en los caminos del mundo, no sabía cómo llevar a cabo su objetivo. Fue a la universidad, pero la odiaba. Suspendía casi todas las asignaturas excepto las de la literatura americana, en las que destacaba.

Se sometió a un programa de autoestudio en el que leía biografías de autores y devoraba libros sobre la escritura. Como estaba interesado en el potencial humano, también leyó sobre autoayuda, psicología, hipnosis, filosofía y metafísica. Libros como *The Magic of Believing* cambiaron su vida y le enseñaron que sólo con creer podía lograr cualquier cosa. Incluso ser escritor.

Continuó trabajando los fines de semana en el ferrocarril; odiaba el trabajo, pero disfrutaba del salario. Ahorró una pequeña fortuna para ser un niño, casi dos mil dólares, trabajando en las vías. Se despidió y subió a un autobús con destino a Dallas, Texas. ¿Por qué Dallas? Porque amaba a los Dallas Cowboys, su equipo de fútbol favorito, y series de televisión como *Dallas* hacían la ciudad muy atractiva.

No estaba preparado para la intensidad de una gran ciudad: las prisas, la velocidad, la diversidad, la furia.

Era difícil acomodarse en Dallas. Era difícil encontrar trabajo y aún más difícil encontrar amigos. Era un tipo simpático, extrovertido y tenía un gran sentido del humor. Pero se sentía invisible. Ningún trabajo le duraba. No hacía amigos en el trabajo. Era una lucha que casi lo destrozaba.

Un día, cuando llevaba en Dallas sólo unas semanas y sólo le quedaban mil dólares del dinero que había ahorrado con tanto esfuerzo, vio un anuncio de trabajo por horas muy bien pagado en los campos petrolíferos de Alaska. Una aventura, un buen dinero y trabajo duro. Él sabía cómo trabajar, ansiaba una aventura y el dinero no podía ser más oportuno.

Se dirigió a la oficina de reclutamiento y entregó los últimos mil dólares que tenía para pagar tanto por el viaje como por la oportunidad. Tenía los nervios de punta, pero estaba emocionado. Alaska era una aventura que le llamaba. Se jugó todas sus fichas, todo su dinero, para apostar por un trabajo muy bien pagado. Su plan era trabajar durante un año, ahorrar dinero, y regresar para tener un año sabático y escribir. Era un plan audaz y bien fundamentado para poner en práctica un sueño.

Nunca sucedió.

La compañía se declaró en quiebra. Sus últimos mil dólares quedaron atrapados tras sus puertas cerradas. Nadie contestaba los teléfonos, no se indicaba ninguna dirección, y su dinero había desaparecido. Más tarde, se enteró de que el dueño se había suicidado.

Primero reaccionó con sorpresa. Después con incredulidad que luego se convirtió en rabia y después con pánico. Y, finalmente, una desesperación ineludible.

¿Y ahora qué?

Todas las horas que pasó escuchando las historias lacrimógenas de sus vecinos sobre la lucha de la vida no le habían preparado para la realidad de ésta. Sabía que podía volver a casa. Sus padres le recibirían con los brazos abiertos, aunque con el insoportable «te lo dije» que por descontado tendría que escuchar.

Pero no podía hacerlo. No podía ir a casa. Tenía que seguir adelante. Tenía que superar eso aunque no tenía ni idea de cómo iba hacerlo; no tenía dinero y, rápidamente, se quedó sin casa en la que dormir.

Los siguientes quince años de su vida estuvieron envueltos en la pobreza. Pasó varios meses como un indigente, durmiendo en los bancos de la iglesia, en los escalones de la Oficina de Correos de Dallas, en la biblioteca pública y en los bancos de la estación de trenes.

La estación de trenes era lo más duro. Trabajar en el ferrocarril había sido la fuente de su fuerza inicial, de sus convicciones, de sus elucubraciones, de su ética de trabajo, y del dinero que utilizó para llevar a cabo su aventura, su éxito como escritor, y su oportunidad de hacer feliz a la gente. Ahora las vías solamente se burlaban de él. No decían nada, pero lo veían y sabían que había fracasado.

Rápidamente se hundió aún más. Observaba como su alma, que una vez fue un poderoso bloque de mármol, poco a poco se iba erosionado como si estuviera en manos de un escultor poco cuidadoso y sin miras.

Estaba desesperado.

Salió de las calles ahorrando un poco de dinero de pequeños trabajos diarios, hizo autostop para salir de la ciudad y emigró a Houston. La gran ciudad estaba en auge a finales de los setenta y principios de los ochenta. Podías conseguir un trabajo manual por la mañana, dejarlo si no te gustaba y conseguir otro trabajo por la tarde.

Eso hizo el escritor soñador. Aceptó un sinnúmero de puestos de trabajo, algunos de ellos tan poco apropiados para él que lloraba de camino al trabajo. Con el paso del tiempo, se casó con una mujer que estaba tan sola como él. Juntos lucharon. Se turnaban para trabajar. A veces ella trabajaba mientras él escribía. La mujer se convirtió en una alcohólica, tuvo que ser hospitalizada y comenzó el largo proceso de reuniones de Alcohólicos Anónimos y de curación. Ella no conducía en aquel momento, por lo que el aspirante a escritor la llevaba y asistía a casi todas las reuniones. Esa época fue una pesadilla, pero aguantaron.

Con los años, el escritor consiguió que le publicaran. Vio una obra de teatro que él había escrito producida en Houston. No ganó dinero, pero consiguió saborear el éxito. Sus artículos de fondo aparecían publicados en la portada de revistas nacionales. Le pagaban poco, pero hicieron que aumentara su confianza. Su primer libro se publicó en 1984. No ganó nada, pero fue un logro personal.

A medida que persistía en perseguir su sueño, se produjeron varios golpes de suerte. Alguien a quien conoció le presentó a un rico hombre de negocios que le pagó bien por escribir su libro por él. Después, con la llegada de Internet, el escritor puso sus palabras en la red. Las cosas comenzaron a acelerarse. Poco a poco, comenzó a llegarle el éxito. El sol empezaba a brillar. A medida que pasaron los años, se hizo más conocido, le publicaron más libros, y fue invitado a participar en una película llamada *The Secret* que cambió el mundo.

¿Por qué? ¿Cómo?

En los momentos más profundos de desesperación, donde nuestras almas se encuentran atrapadas en un lodo viscoso y primigenio, carecemos de ímpetu. No hay movimiento. Todo parece estar encerrado en la oscuridad. Lamentablemente, algunos se pudren en esta gran desesperación.

Pero si no es así, ¿qué nos saca de allí? ¿Cómo podemos escapar? Necesitamos una fuerza sobrenatural que está enterrada en nuestro interior. La misma fuerza que impulsa al millonario concienciado. La misma fuerza que ese joven utilizó para finalmente escapar y prosperar.

Pasión. Propósito. Misión.

Su pasión era ser escritor. Su propósito era hacer feliz a las personas. En conjunto, formaban la misión existencial que finalmente lo sacó del lodo. Le llevó años. Años de trabajo, años de esfuerzo, años de dedicación.

Pero lo hizo. Llegó a ser escritor. Hizo felices a millones de personas y, aunque el dinero no era su principal objetivo, ganó millones haciéndolo.

Cuando era pobre en Houston, su esposa rompió un bote de salsa de tomate que se suponía que era su comida especial de la semana. No tenía ni un dólar en el bolsillo para comprar otro.

Ahora tiene millones de dólares, suficientes para comprar un mar de salsa si quisiera. Pero a pesar de su prosperidad, su pasión sigue siendo la misma. Su propósito es el mismo. Su misión es la misma.

Quiere escribir y quiere hacer feliz a las personas. Está viviendo el credo del millonario concienciado.

Quería sacar provecho de su pasión.

Quería sacar provecho marcando la diferencia.

Quería sacar provecho ayudando, sirviendo, inspirando y transformando.

Y lo hizo.

Hoy, vive su misión.

Ésta es mi historia.

La cuento por una sencilla razón: tú y yo estamos hechos de la misma carne y la misma sangre. Compartimos la misma condición humana y da igual si tu historia es como la mía o no. Yo vine de la pobreza y la desesperación más profunda. He probado lo peor de lo peor. He pasado por la noche oscura del alma. Y aquí estoy.

Mi camino hacia el millonario concienciado es uno de muchos.

Si todavía no tienes clara la visión de tu pasión, propósito y misión, puedes encontrar el camino para convertirte en un millonario concienciado.

Si estás lleno de pasión, motivado por tu propósito, dedicado a tu misión, pero no has encontrado la manera de realizarla, puedes encontrar el camino para convertirte en un millonario concienciado.

Si lo has intentado una y otra vez y has fracasado una y otra vez en dar vida a tu pasión y a tu propósito, puedes encontrar el camino para convertirte en un millonario concienciado.

Si ya disfrutas de una prosperidad financiera pero careces de pasión, propósito y misión, puedes encontrar el camino para convertirte en un millonario concienciado.

No importa de qué camino venimos. El credo, el camino y la visión del millonario concienciado están ahí para nosotros.

Si nos reuniéramos todos en un lugar y compartiéramos nuestras historias, serían una mezcla disparatada e imprevisible. Pero no importa nuestro punto de partida, ni nuestros desafíos, ni nuestras pasiones, ni nuestras visiones; el camino para llegar a ser un millonario concienciado es un camino que todos podemos seguir.

Porque es sencillo desde su origen. El camino para llegar a ser un millonario concienciado no es complicado, pero sí que tiene cuatro pilares sobre los que se debe construir. Son los siguientes:

Debemos despertar nuestra pasión.
Debemos forjar nuestro propósito.
Debemos activar nuestra misión.
Debemos incentivar nuestra relación con el dinero.

Capítulo 4

¿Qué es real?

El dinero no es ni mi dios ni mi demonio. Es una forma de energía que tiende a hacernos ser más de lo que ya somos, tanto si somos avariciosos como afectuosos.

DAN MILLMAN

Nuestra comprensión del dinero es una ilusión. Nuestras suposiciones acerca del espíritu del dinero son fraudulentas. Son tan inútiles como disparar balas en los árboles de un enemigo imaginario diseñado por nosotros.

El millonario concienciado sabe que el dinero es neutral, pero es una poderosa herramienta si está en buenas manos. Es una herramienta espiritual en las manos del millonario concienciado.

Pero, lamentablemente, la guerra contra el dinero es nuestro derecho de nacimiento. El paradigma esquizofrénico de amor/odio está tan arraigado en nosotros que uno pensaría que es casi genético.

Pero no lo es. Lo aprendemos. Somos educados para mantener una relación disfuncional con el dinero. Estamos saturados de actitudes violentas hacia el dinero que son reforzadas cada día por todos los que nos rodean y tienen las mismas actitudes.

Nunca oímos a alguien que no tiene mucho dinero expresar puro aprecio y respeto hacia él.

Esta relación tóxica que nos rodea se ha convertido de manera trágica en una nueva amenaza para la condición humana.

Debe terminar y debe hacerlo ya. Debe terminar con nosotros, pues esta relación tóxica con el dinero no es estática. Generaciones más jóvenes heredarán una relación totalmente disfuncional. Del mismo modo que los abusos físicos se pueden transmitir de una generación a la siguiente, tan sólo siguiendo el ejemplo de un progenitor, también se transmiten las actitudes hacia el dinero. Lo único que hace falta es que un hijo diga: «No, no voy a ser así», para que esa herencia insidiosa llegue a su fin.

Esto debe acabar por todos nosotros. Podemos hacerlo. Existen personas ahí fuera que han demostrado que es posible.

Están las que rompen este círculo vicioso.

Están las que ven los daños colaterales y se retiran del campo de batalla.

Están las que encuentran un modo de transformar su relación con el dinero.

Son los millonarios concienciados.

Nacieron en el mismo mundo que todos los demás, y con las mismas relaciones con el dinero. Pero han corrido el velo y han visto la horrorosa realidad de su herencia: ¡el dinero es neutral!

Es difícil imaginar cómo podemos olvidar todas nuestras fantasías acerca de qué es el dinero y aceptar que es neutral. Una manera es imaginar cómo podía funcionar la humanidad antes de que se inventara la moneda, y tratar de comprender por qué pudo haberse inventado.

Hasta el año 1500 a. C., el dinero consistía en ganado vacuno, corderos, cabras o cerdos. Se comerciaba con dinero «vivo». Justo después, los fenicios inventaron el dinero de metal. Para hacerlo más valioso, el metal pasó a ser plata, cobre y, por supuesto, oro. Todavía más tarde, en 1656, Johan Palmstruch inventó el dinero de papel. No se empezó a utilizar de inmediato, ya que la moneda era todavía venerada y demandada. Benjamin Franklin fue decisivo al sugerir que el dinero de papel se utilizara en los negocios. Durante su época, se aceptaron las divisas y pasó a ser habitual en Estados Unidos.

Antes de la moneda, hubo dos tipos de economía: la economía de trueque y la economía del regalo.

En la economía de trueque, tú tenías zapatos y yo tenía pieles. Yo necesitaba zapatos y tú necesitabas pieles, así que hacíamos un intercambio. El valor de esa transacción estaba muy claro. No había una etiqueta con el precio en aquellos zapatos ni en aquellas pieles. El valor se basaba íntegramente en la necesidad del individuo. Era una transacción equitativa siempre y cuando ambos artículos fueran deseados.

En otro caso, puede que tú necesitaras mis pieles pero yo no necesitara tus zapatos. A pesar de ello, acepto tus zapatos como pago porque sé que pronto podré intercambiarlos por otra cosa. Era un simple intercambio, por razones muy básicas. Sin maldad. Sin traición.

La economía del regalo es mucho más complicada.

En aras de mantener a todo el mundo dentro de una comunidad cuidada, se regalan servicios y productos independientemente de cuándo o cómo serán recompensados. Se trata de una cultura que se basa en las costumbres y las normas sociales de regalar.

Incluso en la economía del regalo, encontramos fines cuestionables en el acto de regalar. Por ejemplo, tú puedes hacer un regalo con la única expectativa de recibir otro a cambio. Esto no tiene nada que ver con apoyar a la comunidad en general, y mucho que ver con obligar a otro miembro de la comunidad a regalarte algo a cambio.

También puede haber un sentido de la obligación de regalar productos y servicios a un linaje en concreto o a un grupo afín, como podría suceder con una familia real. Éste es un modo de mantener viva la reciprocidad entre tu grupo afín y el otro; para mantener una abierta relación con regalos para el futuro.

También existen formas de propiedad en la economía del regalo. En el caso de las tierras, una propiedad puede ser retenida por una familia o linaje en concreto. Sencillamente se acuerda que poseen los derechos de uso de esas tierras. Solamente a ciertos miembros de la comunidad se les concede el uso de las tierras, mientras que éstas siguen ligadas a los propietarios originales.

De un modo similar, hay ejemplos en la economía del regalo que son muy parecidos a lo que llamamos propiedad intelectual. Son como los derechos de autor de un libro. El libro se puede vender a otras personas, pero el contenido sigue perteneciendo al autor.

Es fácil ver por qué la economía del regalo puede ser complicada de gestionar, tal vez incluso tan complicada como el capitalismo actual. Pueden existir grupos poderosos y otros con menos poder. Pueden existir grupos con más propiedades y otros con menos. Y, de modo significativo, las deudas también son muy reales.

Pero echemos un vistazo a las creencias detrás de esto.

Si estuviéramos en una economía de trueque sería absurdo que intentáramos echar las culpas de nuestros problemas a objetos para comerciar, como zapatos o pieles.

¿Acaso diríamos: «Las pieles son la raíz de todo mal»?

¿Si estuviéramos en una economía del regalo, diríamos: «El acto de regalar es el gran destructor»?

Por supuesto que no. Entonces, ¿qué, o quién, debería ser el culpable de nuestros problemas en la vida?

Tal vez no tenga nada que ver en absoluto con el dinero.

Una de las primeras historias registradas de la moneda es la obsidiana de Anatolia, una materia prima que se utilizaba para fabricar herramientas en la Edad de Piedra, distribuida en el año 12000 a. C.

El uso de la moneda es así de antiguo.

La moneda en papel, tal y como la conocemos, comenzó en China en el siglo XI de la dinastía Song. Los mercaderes y los mayoristas querían evitar llevar encima bolsas de monedas de cobre para grandes transacciones comerciales, así que empezaron a usar billetes de papel que representaban las pesadas monedas.

Resulta interesante que esta sencilla solución a un problema se convirtiera en el origen de uno de nuestros mayores enemigos y en nuestra gran pasión.

El dinero no es la raíz de todo mal. El dinero es la solución a los fenómenos naturales, el intercambio de bienes y las deudas. Tienes algo que yo deseo y yo tengo algo que tú deseas; trabajemos juntos. Te proporcionaré este servicio ahora mismo, pero necesitaré algo a cambio.

¿Entonces cómo se transformó esto en la relación complicada y contenciosa que tenemos hoy con el dinero? No tiene nada que ver con el dinero, sino con las personas.

Cuando personas con intenciones cuestionables vieron cómo el dinero podía llegar a ser una forma de control, empezamos a ver el surgir de nuestra complicada relación.

Yo tengo el dinero, tú no.

Yo te pago, así que me perteneces.

Tú me debes a mí.

Yo tengo lo que tú deseas.

Hay un aporte importante y esclarecedor que todos debemos ver.

La corrupción espiritual y moral empezó mucho antes de la aparición del dinero tal y como lo conocemos. Miembros de nuestra especie ya ansiaban el poder, el control y el lujo miles de años antes de que el dinero en papel empezara a existir.

Son rasgos, defectos y desequilibrios humanos. El dinero sólo era una herramienta que personas inteligentes con motivos cuestionables averiguaron cómo aprovechar para su propio beneficio. Entre el primer registro de moneda, alrededor del año 12000 a. C., y la famosa cita escrita en el año 62 d. C.: «Pues el amor por el dinero es la raíz de todo mal», debió de disminuir mucho el mal comportamiento.

Aquí vemos el secreto oculto dentro de la herramienta del millonario concienciado.

El dinero es neutral.

Una vez que ya no nos domina y una vez que ya no lo dominamos, se prepara un nuevo escenario para que se produzca un cambio monumental. Nace la oportunidad, y muchas cosas que antes parecían imposibles ya no lo son.

Esto se puede hacer. Debemos hacerlo de una vez por todas.

Y para hacerlo, debemos volver a familiarizarnos con el dinero.

Debemos mirar en lo más profundo del alma del dinero y darnos cuenta de que no tiene alma. No tiene la capacidad de tener alma. Es solamente un objeto. Somos nosotros los que le otorgamos el alma. Nuestra alma.

El dinero es neutral.

El dinero es un recipiente vacío esperando a que lo llenen. ¿Llenarlo con qué?

Con nuestras intenciones, nuestra misión, nuestra pasión y nuestra alma.

El millonario concienciado entiende que el dinero es una herramienta para provocar un impacto positivo. Y necesitamos más impactos positivos en este mundo.

Eso significa que necesitamos un nuevo despertar en nuestro interior como personas, y darnos cuenta de que lo que consideramos nuestro amo amenazante está destinado a convertirse en la herramienta de ayuda que las buenas personas utilizan para misiones apasionantes.

Esto es por lo que debemos luchar hasta el final de nuestra vida. Debemos reconocer que lo que tenemos ante nosotros es, en muchos aspectos, la fuerza más poderosa para el bien que tenemos a nuestra disposición.

Capítulo 5

Contraintenciones

> *Es una especie de esnobismo espiritual lo que hace que la gente piense que puede ser feliz sin dinero.*
>
> ALBERT CAMUS

Nuestra guerra con el dinero no sólo se libra en nuestra mente consciente. De hecho, la mayor parte está impulsada por nuestro subconsciente y mente inconsciente.

En lo más profundo de nuestro interior se encuentran los hábitos aprendidos, las perspectivas, los patrones y los juicios que hemos heredado. Y se convierten en un gigante que entorpece nuestro camino: bloqueos, creencias limitadoras y contraintenciones.

Conscientemente, deseas una cosa: dinero.

Inconscientemente, quieres otra cosa: el dinero es malo, así que mantenlo alejado de ti.

Dado que el inconsciente es mayor, más audaz, más fuerte y tiene el control, ganarán sus creencias.

Los bloqueos mentales pueden ser nuestra incapacidad, incluso para imaginarnos a nosotros mismos en una abundancia consciente.

Pueden incluso incapacitarnos para considerar una nueva relación con el dinero o una nueva realidad acerca de la naturaleza neutral del dinero.

Pueden provocar la total incredulidad en un mundo donde estemos liberados del perverso contacto con el dinero.

No importa si somos capaces de asimilarlo de manera consciente y aceptar estas posibilidades. Si nuestra mente subconsciente se bloquea ante las posibilidades, nuestra mente subconsciente, finalmente ganará la batalla.

Las creencias limitantes podrían convencernos en secreto de que no poseemos el coraje, la fuerza de voluntad o la perseverancia para llevar nuestras pasiones sentimentales a buen término.

Pueden adoptar la forma de duda subconsciente instantánea cuando consideramos incluso la posibilidad de tener una fuente constante de dinero en nuestras vidas.

Pueden ser la culpa perpetua de haber fracasado una y otra vez, que nos incapacita para labrar nuestro propio camino hacia el éxito.

Pueden ser objeciones estelares a un mundo en el que podemos guiarnos por la pasión, el propósito o la misión, por no hablar del poder que canalizamos hacia el dinero para apoyarlos.

Las contraintenciones pueden presentarse en forma de un autosabotaje persistente cuyos daños maneja nuestra mente subconsciente mediante la postergación, la duda o la contención.

¿Por qué querríamos impedirnos a nosotros mismos alcanzar el éxito o bloquear la abundancia?

Una posibilidad sencilla es el miedo. Miedo a lo desconocido. Miedo a nuevas responsabilidades. Miedo al éxito. Miedo al fracaso. Miedo al ridículo. Miedo a cualquier cosa que no sea la jaula en la que hemos permanecido toda nuestra vida, porque la entendemos muy bien y nos hace sentir seguros.

Incluso podríamos tener un profundo y oscuro deseo secreto de conseguir tener dinero para poder exigir la misma crueldad y control que hemos experimentado en las manos de otros que manejan el poder del dinero.

Cualesquiera que sean los bloqueos mentales, las creencias limitadoras y las contraintenciones que acechan en nuestro interior, debemos darnos cuenta de que sólo decir «voy a cambiar de opinión», no va a funcionar siempre. De hecho, por lo general no lo hace. Nuestra mente subconsciente se resiente y se resiste a nuestro deseo de cambio.

Cuando nos encontramos disparando balas sin cesar en una niebla espesa, debemos darnos una palmada en el hombro, decirnos que dejemos las armas y tomar cierta distancia para ver la realidad de en qué guerra exactamente hemos estado involucrados.

Debemos superar las barreras de nuevas maneras.

Comienza con la causa número uno de nuestras barreras subconscientes, que resulta ser una de las mayores causas de nuestra guerra con el dinero.

Sentimos que somos víctimas.

Somos las víctimas de fuerzas externas.

Somos las víctimas de poderes que no podemos conquistar.

Somos las víctimas de circunstancias que no podemos controlar.

¿Pero lo somos de veras? ¿De verdad estamos tan dispuestos a renunciar a nuestro poder con tanta facilidad?

Pues cuando vivimos y actuamos como víctimas, cedemos el control de nuestras propias vidas y nuestros propios destinos.

No podemos transformar nuestra relación con el dinero porque somos víctimas de la gran red de opresión del dinero.

No podemos huir de la lucha financiera porque somos víctimas de nuestras deudas, de nuestras facturas y de nuestras responsabilidades.

No podemos surgir como millonarios concienciados porque somos víctimas de nuestras vidas duras y retos difíciles.

O al menos eso es lo que nos decimos a nosotros mismos.

Seguir siendo la víctima es cerrar el negocio y volver a casa.

Hemos renunciado a nuestro poder. Hemos reconocido que estamos a merced de las cuerdas de títere que sujetan nuestros brazos y nuestras piernas. No tenemos voluntad libre porque somos víctimas dentro de una jaula que nunca diseñamos y en la que nunca acordamos entrar.

Qué idea tan agobiante y fraudulenta. Casi tan agobiante como la desgastada relación con el dinero que debemos cambiar.

Uno de los mantras de las víctimas es: «Es lo que hay». No deja mucho lugar a la esperanza, al cambio o a la acción.

Las personas lo dicen para encogerse de hombros y rendirse a lo que ellos creen que es una realidad inalterable.

¿Qué sería mejor que pensar o decir «Es lo que hay»?

En un momento de inspiración se me ocurrió que esta frase sería más exacta y motivadora: «Es lo que tú aceptas».

En otras palabras, la realidad es lo que tú *aceptas.*

«Es lo que aceptas».

Alguien me preguntó acerca de la frase «Es lo que yo decido».

«Decidir» podría funcionar, pero no es del todo cierto.

Dos amigos míos murieron en una semana, uno de ellos de forma totalmente inesperada.

Si pudiera decidir, hubiera decidido que vivieran.

No puedo hacer eso, pero puedo aceptar su muerte.

«Es lo que yo acepto».

En lugar de decir «Es lo que hay», di «¡Es lo que hay *por el momento* y voy a hacer algo al respecto!» y después di lo que deseas, no a lo que renuncias, y actúa para hacer de tu nueva intención una realidad.

La rendición es un gran acto espiritual cuando te entregas a tus ideales más altos, pero es un pobre acto de mentalidad victimista cuando te rindes a circunstancias que honestamente no te gustan.

Repito: la rendición es un gran acto espiritual cuando te entregas a tus ideales más altos, pero es un pobre acto de mentalidad victimista cuando te rindes a circunstancias que honestamente no te gustan.

Muchos de nosotros nos engañamos con afirmaciones que a primera vista parecen inocentes, como «Es lo que hay», en lugar de mirar en lo más hondo para encontrar qué se esconde tras la afirmación.

No estoy sugiriendo que niegues la realidad de los hechos a los que te enfrentas, sino que aceptar los hechos como el veredicto final es un mal movimiento.

Al aceptar lo que no puedo cambiar, sigo viviendo en la realidad acordada al tiempo que reconozco mi derecho en la aceptación.

Se parece un poco al famoso consejo conocido como la plegaria de la serenidad:

Señor, concédeme serenidad para aceptar todo aquello que no puedo cambiar,
fortaleza para cambiar lo que soy capaz de cambiar
y sabiduría para entender la diferencia.

Mientras que la mayoría de la gente asocia la famosa oración con Alcohólicos Anónimos, en realidad salió de una lucha en la política contra el mal.

Según Susan Cheever, «... puede resultar sorprendente conocer que la oración fue originalmente concebida no como un antídoto a la adicción, sino en respuesta a la maldad brutal de la Alemania nazi que amenazaba a la civilización durante la Segunda Guerra Mundial. Escrita durante los momentos más oscuros de la guerra por el teólogo Reinhold Niebuhr, un germano-estadounidense de primera generación, la oración captura la terrible situación ética a la que se enfrentan Niebuhr y sus compañeros alemanes antinazis que emigraron a Estados Unidos, los cuales estaban a salvo de la persecución, pero sin poder intervenir contra Hitler».

La sabiduría para entender la diferencia es la clave. Muchos de nosotros nos rendimos sin buscarla. No utilizamos nuestra sabiduría.

Esta rima infantil de 1695 nos ofrece un consejo mucho mejor:

Para cada dolencia bajo el sol
existe un remedio, o tal vez no;
si lo hay, trata de encontrarlo;
si no lo hay, trata de olvidarlo.

Al menos con este nuevo eslogan sientes que tienes elección. Si estás entre la espada y la pared, puedes optar por ver las opciones o puedes optar por rendirte. De cualquier manera, puedes *elegir* lo que aceptas.

Observa que la nueva frase te da más energía; puedes utilizarla o no, por supuesto. Crear tu propia realidad se basa en opciones y conciencia. Estoy seguro de que vas a tomar la decisión correcta para ser el más capacitado.

El hecho de que la utilices o no dependerá de lo que aceptes, pero date cuenta de que depende totalmente de ti. «Es lo que tú aceptas».

¿Por qué seguimos siendo víctimas? ¿Por qué somos tan persistentes e inflexibles a la hora de aceptar esas hipotéticas cadenas y no hacemos nada?

Porque nos hemos acomodado. Demasiado.

No, luchar no es cómodo y no nos gusta. En teoría, sin duda queremos evolucionar pasadas esas luchas. Pero somos criaturas resistentes y adaptables. Puede que nos quejemos, pero nos hemos adaptado a esta vida de víctima. Conocemos nuestros límites. Nos protegemos del mundo exterior.

Tenemos que entender que intentar alcanzar algo nuevo nos hará sentir incómodos, porque es nuevo.

Cuando abandones tu zona de confort, te sentirás incómodo. Es obvio, ¿verdad? Pero sentirse incómodo no es una señal para no continuar. Simplemente quiere decir que estás abandonando lo conocido por lo desconocido. Estás abandonando tus cómodos límites visibles e invisibles para llegar a un poder sin límites, a la riqueza y a la felicidad.

El único modo de lograrlo es permitiendo la incomodidad. Después de todo, no es una amenaza para tu supervivencia. Está sólo a un paso fuera de tu zona de confort. No significa nada más que eso. No debes temer en absoluto. De hecho, sentirse incómodo debería ser y puede ser una señal de que estás progresando.

Pero aquí hay otra percepción: nos protegemos de la necesidad de asumir responsabilidades. Y eso, justo eso, es la cura: asumir responsabilidades.

Hay algunas decisiones conscientes que pueden hacer magia en la mente subconsciente e inconsciente. Algunas acciones conscientes que pueden hacer mella en un ámbito de nuestra mente que permanece al margen en gran parte. A menudo requiere una reprogramación del subconsciente, como la hipnosis, para hacer desaparecer esas barreras. O intensos ejercicios para aclarar la mente para escapar lentamente.

Aun así, sólo asumir responsabilidades puede tener un potente efecto curativo.

Cuando asumimos responsabilidades, cuando permanecemos en el silencio de nuestras vidas y con tranquilidad y humildad aceptamos la responsabilidad de todo lo que somos, esta decisión impregna nuestro ser, nuestra alma y demás. Eso se debe a que asumir responsabilidades es recuperar el control. Es reconocer que incluso cuando las fuerzas del exterior se nos echan encima, no estamos obligados a sufrir de un modo enternecedor o emocional. Ésa es nuestra elección.

Ésta es otra historia real. Un hombre empezó a tocar el piano cuando tenía cuatro años. Se le daba bien, sin embargo su mano izquierda no se podía comparar con la derecha. Su mano derecha era el doble de rápida, tenía el doble de destreza y de sensibilidad. Estudió *jazz* en The New School y se graduó con una perspectiva totalmente nueva sobre la música y la improvisación.

Unos años después, cuando tenía veinticuatro años, estaba cenando con sus padres en Nueva York. Compartió con ellos unas reflexiones recientes que había hecho sobre la tácita dificultad que había tenido toda la vida con su mano izquierda, concretamente cuando tocaba el piano.

Sus padres finalmente le dijeron que había nacido con un caso leve de parálisis cerebral que había dejado todo su lado izquierdo más débil que el derecho.

Ésa fue una enorme revelación. ¿Por qué no se lo habían dicho mucho antes? No querían que se percibiera a sí mismo como un discapacitado, o incluso como alguien ligeramente desaventajado. De hecho, pasó su vida trabajando sin descanso en el manejo de su mano izquierda al piano, y descubriendo maneras de compensarlo.

Ahora lo ve como un don. Su mano izquierda nunca será su derecha. Nunca tendrá la gracia, el tacto o la amplitud de movimientos. Pero la mano derecha nunca tendrá la personalidad, el curioso contoneo ni el torpe balanceo que irradia su mano izquierda.

De hecho, nadie tendrá una mano izquierda como la suya y nadie tocará con su mismo toque. Él lo ve como un don, no como un hándicap. Su nombre es Mitch Van Dusen, un amigo mío que vive con motivación y que me está ayudando en la misión de transformar a las personas en millonarios concienciados.

Hay personas que nacen con defectos congénitos mucho más desafiantes que el suyo. Sin embargo, muchos toman la decisión de vivir tan plenamente como cualquier otra persona. Decir que son milagrosos es un insulto a su increíble voluntad de desafiar las expectativas de sus cuerpos y sus mentes.

Otro hombre tuvo un accidente cuando tenía menos de cinco años. Perdió el 80 por 100 de la audición. A pesar de las dificultades de crecer con otros niños que se burlaban de él y adultos que lo consideraban lento o retrasado, consiguió lograr un gran reconocimiento y una gran fortuna. Se convirtió en una estrella del cine, un gran culturista y orador público. Hoy en día conocemos a Lou Ferrigno como Hulk.

Ellos no sucumben a la mentalidad de víctima que muchos de nosotros, con condiciones mucho menos graves en la vida, adoptamos con tanta facilidad y disposición.

Es posible que tú también percibas una limitación del cuerpo o de la mente. Pero no tiene por qué detenerte, ni hacerte ir más despacio. La puedes aprovechar, apreciar, respetar e incluso amarla.

Pensemos en las personas que nacen con todas las ventajas que se puedan imaginar: salud, belleza y dinero. Hay quienes se sienten atrapados por estas circunstancias maravillosas. Temerosos de que sus padres consideren que sus deseos no están a la altura, sienten que deben cumplir con las expectativas haciéndose cargo de la empresa familiar. Ellos, también, desperdician todo su potencial y culpan por ello a todos los demás.

Asumamos responsabilidades.
Ahoguemos el victimismo en los atronadores rápidos de nuestras propias convicciones.
Reconozcamos siempre que cualquier queja, cualquier justificación, es una excusa y nada más.
No volvamos a sucumbir a la ridícula idea de que no tenemos poder.

Tenemos todo el poder que podríamos necesitar. Tenemos el poder de asumir responsabilidades. Tenemos el poder de rechazar el victimismo que nos enseñaron a aceptar.

No somos víctimas del dinero; somos los líderes de nuestra inspiradora causa con el dinero de nuestro lado.

No somos víctimas de las deudas y las facturas; somos los receptores de los servicios, productos y oportunidades que han enriquecido nuestras vidas.

No somos las víctimas del aquí y el ahora; incluso si requiere tiempo y paciencia, tenemos el poder de superar cualquier expectativa, cualquier desafío y cualquier obstáculo que pretenda desalentarnos.

Nosotros no somos las víctimas; somos los autores de las historias de nuestras propias vidas.

Somos los ganadores del dinero inspirador.

Somos los futuros millonarios concienciados.

Capítulo 6

La fórmula

La tierra cobra su precio por lo que nos da,
el mendigo paga impuestos por una esquina en la que morir,
el cura que viene y nos confiesa tiene su precio,
negociamos por las tumbas en las que yacemos;
en el puesto del diablo se vende de todo,
cada onza de escoria cuesta una onza de oro;
por un bufón de la corte pagamos con nuestra vida.
Compramos burbujas con la fuerza de un alma entera,
sólo el cielo se regala,
sólo Dios puede tenerlo si lo pide,
el espléndido verano no tiene precio;
junio puede pertenecer al prometedor más pobre.

JAMES RUSSELL LOWELL, *The Visions of Sir Launfal,* 1848

¿Qué sucede cuando nos deshacemos de la mugre de victimismo que ha crecido en nuestro interior?

Nos sentimos capacitados.

Sentimos una profunda transformación de la impotencia de nuestro bagaje. Tomamos el control de nuestros destinos rescatados de los miles de tiranos a los que entregamos nuestro poder.

Es incómodo aceptar que hemos estado viviendo como víctimas durante años y años. A nadie le gusta abrir los ojos y reconocer que en gran parte nos hemos rendido. Puede ser increíblemente incómodo ver finalmente lo mucho que la mentalidad victimista ha impregnado cada aspecto de nuestras vidas.

Sin embargo, en el momento en que asumimos responsabilidades, el filo de esta incomodidad se debilita porque nos fortalecemos, y vemos un nuevo mundo de posibilidades.

Ahora tenemos el poder de descubrir, admitir o transformar nuestra misión.

Hemos aludido a la pasión, al propósito y a la misión. Es importante entenderlas.

La pasión es un amor o un deseo profundo por algo.

El propósito es una meta, un objetivo y a veces, pero no siempre, es la razón de nuestra existencia.

La misión es un gran propósito acompañado de una pasión. Es nuestra llamada.

Nuestra vocación. Es lo que hacemos.

Pasión + Propósito = Misión

Esa palabra, misión, es intimidatoria. ¿Qué tipo de cosas evoca el concepto de misión? En una película, la misión es salvar al mundo de un villano. Para una misión en la vida real podríamos pensar en una causa digna, como reconstruir hogares en una zona destruida por un huracán, llevar a personas a Marte o encontrar una cura contra el cáncer.

Grandes cosas. Cosas contundentes. Cosas que dejan atónita a la mente.

Debemos darnos cuenta de que ese tipo de misiones a lo grande se llevan a cabo combinando miles, o millones, de personas que están cumpliendo sus propias misiones concretas y más pequeñas. Una sola persona no será la responsable de curar el cáncer. La cura será el resultado de una culminación de innumerables estudios, inventos, investigaciones y de ensayos y errores que tienen lugar por todo el mundo.

Finalmente aparecerá una cura, y mientras un grupo será acreditado con un descubrimiento definitivo, la humanidad tendrá que dar las gracias a todos aquellos que trabajaron hacia esta meta trascendental.

Lo cierto es que la misión, a escala de un individuo, puede ser algo increíblemente simple y comienza con una pasión.

Pasión

Éste es el lugar donde nace en nosotros el millonario concienciado.

La pasión es fácil. Es algo que nos encanta. Nos encanta hacerlo, nos encanta estudiarlo, nos encanta pensar en ello y nos encanta hablar de ello.

Cuando alguien saca el tema en una reunión, sentimos que por fin hemos encontrado a alguien con quien tener una conversación real. Creamos vínculos con los demás a través de las pasiones mutuas. A veces forjar esa conexión es el modo en que encontramos a nuestros mejores amigos, o personas importantes.

Nuestra pasión nos hace felices.

Nuestra pasión nos entusiasma.

Una pasión puede ser reparar coches, cocinar comidas deliciosas, juguetear con aparatos electrónicos, hacer cerámica, jugar al golf, curar con las manos, la fontanería, conducir un taxi, catar cervezas de todas las partes del mundo, innovar por todo el mundo, los gatos, los perros, los flamencos rosas, los adornos de jardín, los castillos de Irlanda, los jardines ingleses, saltar de un avión, pilotar aviones, pilotar aviones por control remoto, los coches voladores, el culturismo, las maratones, los álbumes de recortes, los libros, las aplicaciones móviles, cocinar, los trucos de magia, la meditación.

Cualquier cosa es válida. Todo cuenta. La pasión es inmune a las opiniones. Y cualquier pasión, con creatividad, puede resultar provechosa.

Nadie puede mirar con desprecio nuestras pasiones. Son nuestras, sólo nuestras. Vienen de lo más profundo de nuestro ser y por razones que sólo nosotros podemos entender.

Debemos aprovechar nuestra pasión. Debemos darla a conocer con orgullo. ¡Vestir camisetas con ella!

La pasión es lo que lleva al millonario concienciado a través de cada paso de una misión con pura alegría, emoción y entusiasmo. Sin pasión no hay misión ni viaje. No hay propósito sin pasión.

Propósito

Cada pasión desvela un problema. Cuando amamos algo, queremos entenderlo a la perfección. Inevitablemente, descubrimos una de las siguientes cosas acerca de nuestra pasión:

—Falta algo. No hay libros sobre un tipo en concreto de [x]. Tiene que haber una página web sobre [x]. ¿No podría haber un anexo a [x] que hiciera [y]? Siempre he querido [x]. No encuentro información sobre [x].

—Tiene un defecto, o un punto débil. Esto se podría mejorar. Podría ser mejor. Es demasiado lento. Es demasiado rápido. Es demasiado fácil. Está estancado. No hay innovaciones recientes sobre [x]. [x] necesita un relanzamiento.

El propósito suele nacer a raíz de estos problemas. Para cada problema existe una solución. Todo comienza con una simple pregunta: ¿y si..?

«¿Y si…?» es una poderosa pregunta cuando se plantea de forma correcta. La mayoría de personas la utiliza para desarrollar situaciones negativas en su cabeza: ¿y si fracaso? ¿Y si mi idea fracasa? ¿Y si no puedo hacerlo? ¿Y si soy la excepción a la norma?

Mindy Audlin, autora de *What If All Goes Right?,* las llama preguntas depresivas. Lo que tienes que plantear son preguntas positivas: ¿Y si lo logro? ¿Y si mi idea es la ganadora? ¿Y si mis siguientes pasos son los puntos de inflexión para celebrar en mi vida?

Las preguntas «y si» se pueden utilizar para crear soluciones. *Not Impossible,* un libro de Mick Ebeling, escribe la crónica de historias motivadoras sobre cómo creó soluciones en un tiempo récord diciendo que encontraría un modo cuando no existía ninguno. Es conocido por crear manos protésicas para víctimas de guerra elaborando las articulaciones con una impresora 3-D.

Cuando Mitch Van Dusen y yo nos reuníamos para discutir las ideas del Manifiesto del millonario concienciado, nos planteábamos preguntas «y si» positivas para crear movimiento y una misión. Nuestro trabajo se convirtió en algo más que un libro o un producto *online*; se convirtió en un movimiento motivador, apasionante, intenso y estimulante.

Todo porque nos planteamos preguntas «¿y si?», y su hermana «¿qué sería mejor?».

Cada una de esas preguntas representa una meta nacida de una pasión. Todas se han llevado a la realidad. Todas, sin importar lo pequeñas, simples o grandes que fueran, han cambiado el mundo para siempre, y cada una se construirá para las generaciones futuras. Así es como se crea una misión.

Una misión provoca cambios positivos a través de una meta singular alimentada por una pasión.

El millonario concienciado tiene una misión alimentada por una pasión.

Tu misión es tuya y única para ti. Tal vez sea ser la mejor madre para tus hijos, ser el mejor fontanero de tu ciudad, abrir un negocio que transforme vidas, sacar al mercado un invento que limpie el agua, transformar la energía solar en combustible, o cualquier otra cosa. Es tuya y sólo tuya.

Tu misión se alimenta de tu pasión. Aquello que amas y que te importa es lo que transformas en tu misión. A medida que leas estas palabras y medites sobre tu vida, lo verás claro.

Adelante.

Capítulo 7

El espejo

La falta de dinero es la raíz de todo mal.

GEORGE BERNARD SHAW

La pasión, el propósito y la misión son las poderosas fuerzas del millonario concienciado.

La mayoría de nosotros no somos conscientes de lo profunda que es realmente nuestra fuente de pasión, y la mayoría de nosotros no tenemos conocimiento de lo que podemos hacer con ella.

La pasión es una fuerza creativa. Se puede emplear y canalizar de infinitas maneras. Es el poder que hay tras cada acción que el millonario concienciado lleva a cabo, ya que le proporciona la dirección, el enfoque, el propósito y, por último, la misión por la que creamos en este mundo, el impacto que tenemos en él.

Si le preguntas a cualquier persona que tenga una misión qué es lo que necesita para hacer que su visión se haga realidad, te dirá exactamente lo mismo.

Una mujer quiere escribir una colección de cuentos cortos.
Un hombre quiere crear nuevas oportunidades de viviendas asequibles.
Una mujer quiere construir un colegio para niñas en Afganistán.
Un hombre quiere cultivar una variedad poco frecuente de orquídea.

¿Qué necesitan para hacer que su misión sea una realidad?

Necesitan dinero. Necesitan dinero para todas las cosas que van a necesitar. Necesitan dinero para suministros. Necesitan dinero para oficinas. Necesitan dinero para la infraestructura. Necesitan dinero para publicitarse. Necesitan dinero para construir. Necesitan dinero para empleados. Necesitan dinero igual que un albañil necesita un ladrillo para llevar su misión a buen término. Sin dinero no pueden, y necesitan dinero para vivir.

En realidad, necesitan *creatividad,* no dinero. Simplemente creen que necesitan dinero. Como la mayoría de las personas también, sigamos con esa idea.

Embarcarse en una misión es una inversión de tu tiempo, de tu energía, de todo tu ser. Muchas personas empiezan una misión mientras trabajan a jornada completa, o ganan dinero de un modo que no tiene nada que ver con su misión, pero eso es difícil de gestionar.

Muchos de nosotros luchamos con la idea de que no merecemos que nos paguen por hacer lo que nos gusta. Eso es una fantasía. Otra mentira implantada en nuestra mente.

Todos merecemos que nos paguen por hacer lo que nos gusta. Todos merecemos que nos paguen por aportar algo positivo al mundo. Después de todo, tienes facturas que pagar; igual que yo. Deberías cobrar como es debido por tu trabajo para poder pagar tus necesidades. Yo debería cobrar por el mío para poder pagar mis necesidades. Ser pagado por respeto mutuo es un justo intercambio de energía, y es mucho más fácil que comerciar con cabras a cambio de zapatos.

Percibirás mucha confusión mental también en este punto. Por un lado, cuando estás luchando, sólo piensas en el deseo de dinero; pero cuando finalmente tienes dinero, te preocupas por lo que piensan los demás, si tienes demasiado y si eres corrupto.

Pocas personas reconocen el tira y afloja que hay en su mente: buscan el dinero cuando no lo tienen porque lo necesitan; rehúyen del dinero cuando lo tienen porque desencadena pensamientos de que es malo. No es de extrañar que tantos ganadores de lotería terminen arruinados al poco tiempo. Sus creencias negativas inconscientes sobre el dinero los vencieron.

Como millonarios concienciados, lo sabemos mejor que nadie.

Y aquí, desde este punto de vista, vemos la verdadera naturaleza del dinero. Es sencillamente un espejo que refleja lo que crees. El dinero en sí mismo no tiene sentido, nosotros proyectamos un sentido en él.

Si cambiamos nuestra relación con el dinero, si transformamos nuestra manera de entender el dinero, vemos su verdadera naturaleza, hacemos desaparecer nuestros miedos y resentimiento hacia él. Entonces de pronto podemos cogerlo, sostenerlo en nuestras manos y entender la simple realidad: el dinero es neutral… hasta que le damos un sentido.

El dinero es un recipiente para dirigir, elevar y llevar a buen término nuestra misión, pero debemos profundizar más. Debemos replantear el dinero en nuestra mente consciente. Podemos probar la emoción de volver a imaginar las posibilidades cuando hagamos uso del poder espiritual del dinero. Podemos imaginar el sinnúmero de maneras en que podemos llenar ese recipiente vacío con nuestras propias intenciones. Podemos aceptar esta nueva relación con el dinero mientras ascendemos a un despertar mayor, pero eso es sólo el principio.

Capítulo 8

La misión

No estimes el dinero ni más ni menos que lo que vale; es un buen servidor y un pésimo amo.

ALEJANDRO DUMAS, *Camille,* 1852

Walt Disney dijo en una ocasión: «Quiero ganar dinero con mis películas para seguir haciendo películas».

Observa la pureza en esa declaración. Se trata de la misión; la misión de su alma. El dinero es secundario, es el medio para llegar al fin. La relación entre su misión y el dinero es simbiótica y cíclica. Una engendra a la otra.

A Disney le encantaban los dibujos animados. Sabía que si a él le hacían feliz, aportarían alegría a muchas otras personas que los vieran. Y quería hacer feliz a la gente. Si aplicamos la fórmula del millonario concienciado a Disney, podría ser algo así:

Pasión: crear dibujos animados y proporcionar alegría a los demás.
Propósito: producir películas de dibujos animados para el público.
Misión: proporcionar una gran diversión a los demás produciendo conmovedoras películas de dibujos animados para el público.

Walt Disney es el ejemplo perfecto de un hombre motivado por su pasión. Su pasión incluía explícitamente aportar diversión a los demás, pero cuando amamos algo con tanta fuerza, no queremos guardárnoslo para nosotros; es casi un crimen hacer eso. Queremos compartirlo con el mundo entero. Incluso si sentimos miedo de exponernos, está profundamente arraigado en el deseo de nuestra alma difundirlo.

En la inauguración de Disneylandia el 17 de julio de 1955, Disney dijo en su discurso: «A todos los que vienen a este lugar feliz; bienvenidos. Disneylandia es vuestra tierra. Aquí la edad revive recuerdos del pasado... y aquí la juventud puede saborear el desafío y la promesa del futuro. Disneylandia está dedicada a los ideales, los sueños y los duros hechos que han creado América... con la esperanza de que será una fuente de alegría e inspiración para todo el mundo».

Ésta es una declaración de la misión. La declaración de Disney es tan clara como la luz del día.

Su éxito, su motivación imparable no se alimenta sólo de dinero, ni por el éxito en sí mismo, sino por una cosa muy clara: su pasión. Le dio una visión y lo llevó consigo, guiándole en cada paso del camino en todo su extraordinario viaje. Quería tener repercusión, y lo logró.

Sin importar el camino que el legado de Disney ha tomado desde su muerte en 1966, su repercusión sigue propagándose en el tiempo.

Debemos amar lo que hacemos. Trabajar en lo que amamos deja de ser un trabajo. Es pasión en acción. Es alegría. Es la realidad del millonario concienciado. Los millonarios concienciados aman lo que hacen, y ese amor puede cambiar el mundo.

El dinero hace manifiesta la misión y el propósito de nuestra alma. El dinero es un aliado del alma. Si amamos lo que hacemos, el dinero es solamente una herramienta para manifestarlo. Forman una relación cíclica en la que uno engendra al otro. Juntos, la misión y el dinero pueden proliferar, y ambos crecen de manera exponencial.

Ésta es la base del millonario concienciado.

Éste es el poder del millonario concienciado.

Éste es el combustible del millonario concienciado.

Capítulo 9

El olvidado Penney

Decidí dejar de acumular y comenzar la tarea infinitamente más seria y difícil de la distribución racional.

ANDREW CANERGIE

1902. Una pequeña localidad en Wyoming con una población de sólo tres mil habitantes. Casi todos eran mineros. Ganaban poco dinero, y todo lo que ganaban lo gastaban de modo infame en todos los lugares erróneos.

Había veintidós salones en esta pequeña localidad dispuestos a quedarse con el dinero que tanto les costaba ganar a los mineros a crédito. Ese lugar no parecía ofrecer muchas oportunidades a ojos de un empresario. Sin embargo, un aspirante a empresario tenía una visión apasionada de su ciudad, a pesar de todas las circunstancias que tenía en contra.

El señor Penney era un hombre profundamente religioso, criado por un predicador bautista que le enseñó a ser autosuficiente desde pequeño. Cuando tenía ocho años, su padre le dijo que tendría que ganar su propio dinero para cualquier cosa que quisiera. La autosuficiencia quedó inculcada en él desde una edad temprana. Esta estricta educación y autosuficiencia aprendida a una edad temprana le hicieron sensible a las necesidades de los demás.

Ya de adulto, era pobre y tenía una esposa y un hijo a los que alimentar. Pero tenía una misión. Quería abrir una tienda y vender ropa con descuento para que las personas de su ciudad pudieran permitirse comprar la ropa de calidad que merecían. Nadie creía que pudiera conseguirlo.

Todos los propietarios de negocios, banqueros y la mayoría de su familia y amigos ponían en duda su sensatez. Sobre el papel, sus posibilidades de éxito eran pésimas.

Pero ésa era su pasión y utilizó su determinación autosuficiente para llegar tan lejos como pudiera, tanto si resultaba ser un imperio o un tren descarrilado.

Su nombre era J. C. Penney. ¿Y su tienda? Se llamaba Golden Rule: haz a los demás lo que te gustaría que te hicieran a ti. Ésta era la filosofía sobre la que construyó su modelo entero de negocio.

Su primera tienda era un edificio de madera de una sola habitación, situado entre una lavandería y una pensión, alejada del principal distrito de negocios de la ciudad. Su familia y él vivían en el ático encima de la tienda, que estaba decorada con estanterías hechas de cajas de embalaje.

A diferencia de los veintidós salones que había en la ciudad, y un montón más de negocios, se negó a vender a crédito por razones morales. Todo el mundo pensaba que iba a fracasar. Sin embargo, ganó casi quinientos dólares en su primer día. El primer año alcanzó un total de casi veintinueve mil dólares.

Para él, Golden Rule representaba algo más que una estrategia de *marketing*. Era su convicción espiritual compartida con el mundo. Se convirtió en el credo de su negocio. Insistía en ofrecer a sus clientes mercancía de calidad a los precios más bajos posibles. Amaba a las personas, era profundamente religioso y quienes dirigían sus tiendas se convertían en socios, no en empleados.

La estrategia y la visión funcionaban. A la gente le encantaba.

A finales de 1912, había treinta y cuatro tiendas Golden Rule y sus ventas superaban los 2 millones de dólares.

En 1913, bajo las leyes del estado de Utah, la cadena constituyó la sociedad J. C. Penney Company, Inc. El propio Penney se opuso al nuevo nombre. No le gustaba que todo girara en torno a él. Pero lo más importante era que ocultaba uno de los pilares de su apasionado ascenso hacia el éxito.

Sus socios le ganaron en votos. Aun así, Penney, la empresa y el hombre, mantuvieron su visión espiritual para servir a las personas.

En 1913, la declaración de la misión de su empresa era:

Servir al público en todo lo que podamos para lograr su total satisfacción.

a. Esperar por el servicio que prestamos una remuneración justa y no todo el beneficio que producirá el tráfico.

b. Hacer todo lo que esté en nuestras manos para dar al cliente valor, calidad y satisfacción a cambio de su dinero.

c. Continuar formándonos y a nuestros asociados para que el servicio que proporcionamos se lleve a cabo de un modo cada vez más inteligente.

d. Mejorar constantemente el factor humano en nuestro negocio.

e. Recompensar a los hombres y mujeres de nuestra organización dejándoles participar en lo que produce el negocio.

f. Poner a prueba todas nuestras políticas, métodos y acciones en este contexto: ¿se ajusta a lo que es correcto y justo?

Penney luchó hasta el final para no ofrecer crédito a sus clientes, pero sus socios finalmente le ganaron en votos. Penney no quería beneficiarse a costa del bienestar de sus clientes.

Sin embargo, la desastrosa idea de negocio de Penney se convirtió en una fortuna personal de 40 millones de dólares, aunque su modelo de negocio no estaba enfocado en los beneficios.

Dedicó su vida a ayudar a los demás, y no sólo con sus tiendas.

En 1923, Penney fundó una comunidad agrícola experimental de cuatrocientos ochenta y cinco kilómetros cuadrados al norte de Florida llamada Penney Farms. Unos ochenta kilómetros cuadrados se subdividieron en pequeñas parcelas en las que granjeros trabajadores y con valores morales, pero desamparados económicamente, podían vivir y trabajar hasta que pudieran reconstruir sus vidas.

En 1954, Penney creó una segunda fundación benéfica, la James C. Penney Foundation, que permanece activa hoy en día. Esta fundación familiar apoya a organizaciones que tratan asuntos de renovación de la comunidad, del medio ambiente y la paz mundial.

Los millonarios concienciados no sólo tienen misiones. Quieren el bien para todo aquél con el que se encuentran a lo largo de su viaje, desde las personas que reciben sus servicios hasta las personas a las que contratan.

El dinero no sólo fluye para los millonarios concienciados. Fluye a través de ellos y de vuelta al mundo. Ésta es una parte clave de la relación cíclica en la que el alma y el dinero engendran más del otro.

Penney dijo en una ocasión: «Dame un mozo de almacén con una meta y te daré un hombre que hará historia. Dame un hombre sin metas y te daré un mozo de almacén».

J. C. Penney era un millonario concienciado en todos los sentidos. Era fiel y leal a sus convicciones, dedicado a su causa y a una sola entidad. No a su beneficio, no a su propio interés, no a las exigencias de sus inversores, sino a aquéllos a los que eligió servir. A su misión.

Capítulo 10

¡Expándete!

Si el dinero es tu esperanza de independencia, nunca lo conseguirás. La única seguridad que un hombre puede tener en este mundo es una reserva de conocimiento, experiencia y habilidad.

HENRY FORD

¡Crece!

Ésta es la orden interna del millonario concienciado.

Para el millonario concienciado, el crecimiento es como respirar. Debemos respirar para vivir. Debemos crecer para prosperar.

Sin ello, nada de lo que es capaz de hacer el millonario concienciado tendrá una repercusión prolongada.

Porque no se trata solamente de nuestro crecimiento personal; se trata de que el mundo está en constante cambio. El estancamiento inherente en la naturaleza no existe.

Si no crecemos y nos adaptamos al mundo, el mundo nos dejará atrás. Seremos abandonados preguntándonos qué ha pasado con la fascinación, preguntándonos dónde ha desaparecido nuestra repercusión.

Debemos crecer. Siempre. Para siempre.

Para el millonario concienciado, el crecimiento es una emoción. Es una llamada en sí misma. Es un rito de paso. Es el alma del millonario concienciado que se extiende.

Existe una satisfacción indescriptible que recibimos cuando miramos atrás y vemos la diferencia entre nosotros ahora y nosotros hace un día, hace una semana, hace un mes, hace un año… hace diez años. Debido a que el millonario concienciado acelera a una velocidad especial, el crecimiento se hace visible al instante.

Ésta es una de las ventajas especiales de convertirse en un millonario concienciado. El crecimiento está arraigado en la fórmula fundamental que vivimos cada día:

Alma + Dinero = Mejor Alma + Más dinero

La fórmula es una expresión de crecimiento puro, no adulterado.

Cuando todo lo que hacemos viene de un lugar de pura pasión, propósito y misión queremos que todo lo que hacemos se multiplique y prolifere. Queremos difundir nuestros dones y tener un mayor impacto.

Queremos llevarlo al siguiente nivel. Queremos hacer llegar nuestro mensaje a más personas. Queremos que nuestro amor y pasión transforme a los que nos rodean. Queremos ser mejores y que nos vaya mejor, no seguir igual. Queremos crecer. Así es como generamos nuestro impacto.

Esto no sucederá por sí solo, pero el potencial está ahí, preparado y esperando.

Para aprovechar este potencial, para crecer exponencialmente, debemos alimentar el alma para que podamos alimentar la misión. Al igual que cuando cuidamos una planta, debemos fertilizar la tierra que la rodea. Si nuestra misión se alimenta de nuestras pasiones, debemos alimentarnos a nosotros mismos.

Cultivamos nuestro ser, nuestra alma y nuestra pasión. Buscamos nuevas experiencias que nos hagan avanzar. Buscamos cursos y clases para educarnos. Encontramos tiempo para pensar.

Tiempo para descansar. Tiempo para meditar. Tiempo para hacer ejercicio. Tiempo para practicar. Tiempo para divertirnos. Tiempo para escuchar.

En verdad, tenemos que tomarnos este tiempo para pulirnos a nosotros mismos; renovarnos, rejuvenecer, crecer, extendernos, aprender, expandirnos y mucho más. Es el camino de la expansión continua. Nadie lo sabe todo. El aprendizaje persistente y apasionado es el camino para tener una vida mejor, además de mayor energía, alegría, amor y entusiasmo. A medida que alimentamos el alma, el crecimiento viene a continuación de manera natural. Es mágico. Pueden suceder todo tipo de cosas cuando alimentamos el alma. Y no sólo a nosotros en nuestra vida personal, sino también en nuestras misiones porque están conectadas directamente.

¿Qué tipo de crecimiento puede tener lugar?

Mejora

Tenemos cosas que mejorar de por vida.

¿Qué es la perfección? Decimos que existe algo tal como el círculo perfecto. Pero ningún círculo creado por la humanidad ha sido perfecto. El único círculo perfecto es el concepto de uno que existe en nuestra mente.

No deberíamos preocuparnos por la perfección. Pero podemos, y deberíamos, mejorar.

Hemos oído hablar de los primeros ordenadores de los años treinta. Ocupaban la mayor parte de una habitación y hacían operaciones aritméticas básicas. Hoy en día los llevamos en un bolsillo y nos hablan, hacen fotos y demás. Puede que a veces queramos tirarlos por la ventana, pero nuestras vidas son casi inimaginables sin ellos. Esto es gracias a que han mejorado y, como ya sabemos por las incesantes actualizaciones de los teléfonos inteligentes, las mejoras continúan.

Para los no iniciados, este nivel de crecimiento sin fin puede resultar intimidante. Una batalla interminable para crecer parece una pesadilla.

Como millonarios concienciados, sonreímos ante tal idea porque, para nosotros, nuestro crecimiento alimenta nuestra alma y nos llena de sentido. Nos aporta alegría y un significado.

Incluso en los momentos en que nuestra automejora nos expande a través de la incomodidad, o expone desafíos internos que nos hacen dudar, abrazamos la incomodidad. Abrazamos las dudas. Lo hacemos porque sabemos que los frutos de nuestro trabajo valen cada pizca de esa expansión.

Y nos encanta el viaje.

Porque es divertido.

Porque es emocionante.

Porque es gratificante.

Porque es fortalecedor. Porque queremos marcar la diferencia.

Reinvención

La reinvención es la manera de crecimiento más difícil. Es la más desafiante, ya que aborda partes de nosotros que han sido grabadas en lo más profundo de nuestra mente, nuestras emociones y nuestra alma.

Aparentemente, resulta una tarea casi insuperable. Cuando tenemos patrones que se han reforzado durante años, incluso décadas, surgen de inmediato respuestas viscerales; el poder de la mente subconsciente.

Pero es aquí donde debemos persistir. Debemos persistir cada vez que el viejo pensamiento trata de conservar su puesto y salvarse de la extinción.

Debemos persistir, y seremos recompensados por esa persistencia.

Existe una manera especial de hacer frente a reinvenciones como ésta que podemos tomar de las filosofías taoístas en las artes marciales como el taichí, el cual tiene una modalidad extraordinaria de combate llamada empuje de manos.

Dos personas, de pie frente a frente, se colocan en una postura estable en equilibrio y apoyan suavemente la punta de los dedos sobre su oponente. Su misión es simple: hacer que el otro pierda el equilibrio y tenga que dar un paso.

Pero no se consigue mediante empujones tal y como los conocemos.

No se utiliza la fuerza bruta.

Se utilizan los secretos ocultos en el símbolo del yin y el yang, común en la literatura taoísta. Cuando tu pareja empuja con fuerza, no lo recibimos con fuerza. Nos vaciamos, exactamente lo contrario. Donde tu pareja espera tu resistencia, le ofreces vacío, y su propio impulso lo derriba.

Una transformación completa, una victoria sin esfuerzo.

Cuando nos reinventamos, no luchamos contra ello. No aplicamos la fuerza. Declaramos nuestra intención, nos plantamos firmemente en el suelo, como si nos crecieran raíces en las plantas de los pies, y nos mecemos con el viento mientras el resto de nuestro cuerpo se mueve sin resistencia ante las fuerzas que nos rodean, como árboles en una tormenta.

Esto requiere un pensamiento avanzado y un espíritu maduro. La regla de oro es que cada vez que te disgustas, lo haces de modo inconsciente.

Eso significa que se ha impulsado una creencia oculta y has reaccionado emocionalmente. De esta forma comienzan las peleas, las guerras, los divorcios y demás.

Como millonarios concienciados, tenemos que ser muy sensibles a nuestros propios pensamientos y conductas. Si alguien dice algo que nos irrita, nos detenemos y observamos qué es lo que se ha activado en nuestro interior. No se trata de la otra persona, ni siquiera de lo que ha dicho; se trata de la respuesta inconsciente que se ha desencadenado.

La respuesta típica es hacer retroceder al otro con fuerza: ¿Me pegas? ¡Te devuelvo el golpe!

Como millonarios concienciados no hacemos eso. Nos vaciamos y nos doblegamos con el viento. Cuando nos vaciamos, no hay fuerza que nos pueda derribar porque no estamos allí para caer. Vacíate y te transformarás.

Descubrimiento

El descubrimiento, la tercera forma de crecimiento, es siempre la más divertida. Nos miramos a nosotros mismos y pensamos: ¿Qué es posible? ¿Qué tipo de millonario concienciado vamos a ser?

Aunque no hay dos millonarios concienciados iguales, existen muchas similitudes que nos vinculan, y es nuestro viaje hacia el descubrimiento lo que nos convierte en la fuerza única que podemos llegar a ser.

Piensa en nosotros en nuestra forma bruta. Piensa en la cantidad de energía potencial que tenemos. Piensa en lo que somos capaces de llegar a ser.

Cuando nos ponemos en esa situación, comenzamos a probar cómo sería activar mayores profundidades de nuestro potencial. Empezamos a sentir cómo sería el poder. Comenzamos a ver el mundo como lo haría nuestro yo más poderoso, y es una sensación buena.

Éste es sólo uno de los caminos hacia el descubrimiento. Detrás de él se halla el poder de una sola palabra: curiosidad. Curiosidad por el mañana. Curiosidad sobre cómo resolver un problema. Curiosidad sobre cómo sacar provecho de la pasión. Curiosidad por la creación, por el descubrimiento, por inventar nuevas formas de ser, de ver, de servir.

En una ocasión, un hombre no pudo conseguir un taxi para llegar al aeropuerto, y sintió curiosidad acerca de cómo se podría inventar un servicio mejor que tener que esperar eternamente a un taxi. Su curiosidad creó el popular servicio de la aplicación llamada Uber. Si quieres que te lleven, abre la aplicación de Uber y un conductor puede estar cerca de ti en cuestión de minutos.

En 2009, un conductor no podía entrar en su coche porque no encontraba las llaves. Convirtió su queja por perder objetos en una misión. Inventó Trackr, un dispositivo que se coloca en las llaves (o en el gato, o en cualquier cosa que no quieras perder) y puedes rastrearlo con una aplicación que descargas en tu teléfono.

Detrás de cada millonario concienciado se encuentra el deseo de destacar. Un deseo de traer el bien, el cambio, la cura, la elevación y la evolución al mundo.

Y podemos hacerlo. ¿Pero hasta qué punto? ¿Hasta dónde podemos llevar nuestros poderes y transformarlos en un impacto tangible?

Todo depende de lo que seamos capaces de llegar a ser. Depende de lo comprometidos que estemos con el descubrimiento continuado. Cuanto más descubramos acerca de quiénes somos y qué poderes tenemos, más impacto podemos conseguir. Y sé que para todo millonario concienciado, la idea de aportar un impacto más positivo es suficiente en sí misma para hacer que nos pongamos las pilas.

¿Cómo podemos crecer sin expandir primero nuestros propios horizontes?

¿Cómo podemos tener ideas nuevas sin formarnos continuamente?

¿Cómo podemos descubrir cosas nuevas en este mundo sin el insaciable deseo de explorar?

Sin el compromiso de autocrecimiento del millonario concienciado, existe una gran posibilidad de que nos equivoquemos, de perder nuestro camino o incluso de abrirnos a la corruptibilidad.

Es muy fácil caer en la tentación cuando se trata de dinero. Ya se trate de aceptar un trabajo que no nos apasiona, o de bordear los límites de la ética o la legalidad, la desesperación por el dinero a menudo lleva a la gente a hacer cosas que después lamenta.

Un hombre aceptó el encargo de ser coautor de un libro para un aspirante a orador. El hombre no creía en el libro ni en el orador, pero aceptó el trabajo por el dinero. A pesar de que su intuición le instaba a no aceptar, lo hizo. A las pocas semanas el hombre se desilusionó, tuvo una discusión con el orador y cada uno se fue por su lado. También devolvió el dinero. De haber seguido su corazón, nunca habría aceptado un trabajo que no estuviera alineado con su propia misión.

En nuestra vida personal, en nuestros negocios, en casa, en nuestras relaciones, con nuestras familias… en todo ello, debemos estar abiertos, dispuestos y escuchar. Si lo hacemos, las cosas buenas vendrán. El crecimiento vendrá.

Pero hay que proceder con fe, no con miedo.

Debemos crecer, expandirnos, evolucionar.

Capítulo 11

El aliado interno secreto

El dinero es el mayor invento de la humanidad. El dinero no discrimina. Al dinero no le importa si una persona es pobre, si viene de una buena familia o cuál es su color de piel. Cualquiera puede ganar dinero.

TAKAFUMI HORIE

La intuición es nuestra arma secreta.

Mientras que la mayoría cree que sólo la racionalidad y el pensamiento crítico nos impulsarán hacia adelante, el millonario concienciado se abre camino hacia sus objetivos poseído por el espíritu de la improvisación intuitiva.

No creemos en el camino único o correcto. Sabemos que nuestro camino hacia el éxito está labrado en el momento en sí; somos líderes de una adaptación inspirada. Vemos la cima que queremos alcanzar.

Vemos los frutos de nuestras pasiones. Visualizamos el impacto que vamos a provocar.

No viajamos a ciegas, pero no dibujamos rígidos mapas. No construimos nuestros imperios con un manual de instrucciones, ya esté escrito en nuestra mano o por las manos de otros. No existe espíritu en el camino correcto. No existe espíritu en el camino único. No existe aventura en la ruta planeada.

La aventura no sólo implica el puro placer de vivirla. La aventura es la personificación de la danza intuitiva, ser el pionero flexible de la improvisación inspirada.

¿No nos quedaremos paralizados por la necesidad de tomar decisiones constantes? ¿Debemos sentarnos en cada cruce del camino para sopesar los pros y los contras?

No. Los millonarios concienciados tienen en su interior una luz que los guía. Debido a que el viaje del millonario concienciado comienza con una pasión, esa pasión actúa como un faro en nuestro interior. Tiene todas las respuestas que necesitamos cuando éstas no parecen ser evidentes en el mundo exterior.

Contar con este punto de anclaje dentro de los millonarios concienciados nos convierte en campeones de velocidad. Al alma le gusta la velocidad. Al dinero le gusta la velocidad.

Dejarse llevar por la corriente es un eufemismo. Prosperar en la corriente es la verdad. La corriente es constante. La velocidad se impulsa y la intuición improvisada es nuestro vehículo.

Si bien la consideración y la reflexión tienen su lugar de importancia, no se utilizan en momentos de indecisión. Se llevan a cabo en la acción del movimiento. Cuando llegue el momento de la decisión, cuando se nos presente el cruce de caminos, nuestra intuición habrá sopesado las opciones conscientemente, habrá entendido las implicaciones inconscientemente y habrá tomado su decisión superconscientemente.

Mira una lista de ideas potenciales; una destacará sobre las demás. Ésa es tu intuición, que te guía. Siéntate tranquilamente y permite que tu mente divague. Una idea se activará. Ésa es tu intuición, que te apoya. Mantén tu pasión cerca de ti y mira hacia el mundo. Se descubrirán soluciones y oportunidades delante de ti. Ésa es tu intuición, que te inspira.

La intuición no es más que el tomador de decisiones interno que tiene un punto de vista más amplio que nuestras mentes conscientes y pensantes. Nuestra mente consciente nos hará ir más despacio. En un mundo que venera el rigor del pensamiento consciente, esto podría parecer un rechazo a lo que es una cuestión de puro sentido, incluso a lo que fundamentalmente somos nosotros.

Pero éste es un fenómeno relativamente nuevo defendido en Occidente. En las nuevas y antiguas tradiciones en los confines de nuestro mundo, la intuición ha sido durante mucho tiempo la guía, y nosotros su progenie. Hay demasiadas personas que adoran el intelecto, sin darse cuenta de que éste no siempre tiene la razón. El intelecto se basa en un conocimiento limitado y disponible. No puede ver todas las opciones válidas para cualquier decisión o deseo.

Aquellos que sienten que saben muy poco de sus intuiciones cuando se embarcan en este camino de inspiración simplemente se equivocan. Nuestras intuiciones han estado vivas, bien y activadas desde nuestros primeros momentos de decisión. Sólo tenemos que escuchar. Ésta es una de las razones por las que debemos permitirnos tiempo para enriquecernos, para descansar, para meditar, para pensar: para que podamos escuchar lo que nuestras almas tienen que decirnos.

Esto no quiere decir que sencillamente dejemos de pensar o valorar opciones. La intuición se entiende de manera más holística como la tomadora de decisiones integral. Nuestras intuiciones consultan cada fibra de nuestro ser, desde lo que hay en nuestro interior hasta las antenas invisibles que poseemos para leer nuestros entornos cada momento que estamos despiertos. La intuición es el órgano rector que decide el camino del millonario concienciado. La improvisación es la expresión de las decisiones de nuestra intuición.

Cuando nos encontramos en un estado de acción, nuestro espíritu de improvisación nos muestra lo que se mueve allí, qué las palabras se dicen y qué visión se adopta. Es un trance consciente. Es un progreso ilustrado.

Se han construido imperios basados en la intuición. Famosos empresarios, inversores y líderes dejan que su intuición tenga la última palabra. Muchas veces, meses de investigación, cuidadosas consideraciones y tomas de decisiones lógicas se desechan en el último minuto debido a una corazonada intuitiva que rechaza el concepto general.

Dos músicos de *jazz* se sientan juntos con sus instrumentos: un contrabajo y un piano. No tienen ninguna partitura. No tienen ningún gráfico. No tienen una rígida hoja de ruta. Ponen en marcha una conversación improvisada. En los momentos más conscientes e inspiradores de esta música improvisada, observamos un fenómeno curioso e impresionante.

En el momento exacto en que el ritmo del contrabajo cambia radicalmente, el ritmo del piano también cambia en una armonía sincrónica. No tienen partituras. No tienen gráficos. No tienen una hoja de ruta. No hay una explicación lógica de cómo un músico conocía los deseos improvisados del otro. No hay una explicación lógica de cómo estos dos individuos, con todas sus peculiaridades y tendencias individuales, están encerrados en una articulación tan perfecta de intuición compartida.

La música que emerge es no reactiva, sino recíproca. Su conversación flota en medio de un diálogo y un monólogo compartido.

No sé cómo sucede esto. Sólo sé que lo hace. Y es la expresión de nuestras intuiciones que se expande más allá de nosotros mismos, construyendo los caminos concordantes que vamos a seguir y las decisiones inspiradas que vamos a tomar.

Incluso las conversaciones del día a día se basan en la confianza y la improvisación. Cuando hablas durante la comida, tienes que escuchar y responder. No existe un guion. Sus palabras hacen que tú hables. Tus palabras hacen que ellos hablen. ¿Dónde está el guion? Si puedes manejar una conversación durante toda la comida, ¿por qué no sobrevivir a un día lleno de improvisaciones?

Si seguimos nuestra intuición, seguimos la pureza de nuestra alma, ya que no hay mayor expresión de la forma intrínseca y cambiante de nuestra alma que nuestra intuición.

No accedemos a toda nuestra variedad de poderes intuitivos tratando de activarlos. Tenemos acceso a estos poderes mediante el abandono y dejándonos llevar por la corriente. No tenemos que intentar nada. Sólo necesitamos estar presentes. Nuestra intuición hará el resto.

Sin embargo, hay maneras de amplificar nuestra conexión con nuestra intuición. Nuestra intuición se desarrolla con confianza y convicción, ya que en estos estados nos encontramos con un silencio y estabilidad intensos. Cuando tomamos decisiones audaces, corremos riesgos y recurrimos al espíritu de aventura, nuestra intuición está facultada para expandirse más, activarse más fácilmente y fluir de manera natural a través de las curvas de nuestras vidas.

Rompe tus rutinas y tu intuición entrará en acción. Varía tu ruta, y la corriente entrará en acción. Involucra tus cinco sentidos, y tu guía interior despertará.

Pero tal vez más que cualquier otra cosa, la activación más fructífera se produce cuando simplemente das un paso, un pie delante del otro, sin pensar hacia dónde vas, ni cómo. Si agregas una intención, como ser un millonario concienciado, entonces el radar en tu cerebro da una patada y tu intuición busca todo lo relevante para tu meta.

Nuestra intuición entra en acción porque estamos desprovistos a propósito de direcciones demasiado restrictivas. No tenemos ideas para dar forma a nuestro siguiente paso, por lo que nuestra intuición llena el vacío y florece.

Puede parecerse un poco a cerrar los ojos y saltar desde un acantilado. Eso no es del todo incierto, y sin duda combate el estancamiento.

Vivimos con audacia y valentía, corremos riesgos y actuamos con rapidez, sin dudar. No podemos tener éxito como millonarios concienciados si no tenemos la valentía de asumir retos extremos. Haz lo que nadie hará; lo que a los demás les pueda parecer una locura o un peligro.

No podemos tener éxito como millonarios concienciados si no avanzamos con confianza y actuamos con energía.

No podemos tener éxito como millonarios concienciados si no actuamos con rapidez y consistencia.

Para el millonario concienciado, todo forma parte de los riesgos que vale la pena correr.

Nunca dejes que aquellos que no te comprenden se interpongan en tu camino. Si supieran lo que sabemos, estarían justo a nuestro lado. Pero no podemos juzgar a aquellos que no están ahí todavía, y desde luego no podemos dejar que nos frenen. Sé audaz. Sé valiente. Corre riesgos. Y no dudes nunca.

Escúchate a ti mismo. Mira a tu alrededor y verás un montón de personas que ofrecen guías paso a paso, que te indican que el camino correcto es éste o aquél. No hay nada malo en ello, sin embargo, por lo general se quedan en la superficie.

No encontramos la manera de traducir la pasión en beneficio simplemente a través de una lluvia de ideas por sí sola. Sí, es parte del proceso, pero los millonarios concienciados aprovechan su arma secreta: su intuición. Las respuestas que buscamos se hallan enterradas en nuestras mentes, nuestras almas y nuestras entrañas.

Capítulo 12

El único propósito del dinero

Si trabajas sólo por dinero nunca lo lograrás, pero si amas lo que estás haciendo y siempre antepones al cliente, el éxito será tuyo.

RAY KROC

Arnold Patent escribió en su pequeño libro *Money:* «El único propósito del dinero es expresar agradecimiento».

Agradecimiento. Gratitud.

Ideas sencillas que no deberíamos reservar sólo para fiestas nacionales. ¿Y si el agradecimiento no sólo alimentara el alma? ¿Y si fuera una herramienta fundamental para el millonario concienciado?

Debemos sentir gratitud por todas las cosas. Debemos apreciar las muchas bendiciones que son importantes para nosotros, ya se trate de nuestra familia, nuestros amigos, nuestro tiempo, nuestras pasiones, nuestras comunidades, nuestros hogares o nuestra capacidad para alimentarnos y vestirnos. Lo sabemos, incluso aunque no expresemos ese agradecimiento en nuestra vida cotidiana.

Curiosamente, el dinero ha sido acusado de ser el asesino del agradecimiento.

A veces luchamos muy duro para conseguir dinero, pero cuando vemos que desaparece con el montón de facturas que debemos pagar, préstamos que debemos devolver, la hipoteca, los servicios o el coste de la comida, es como si el dinero fuera un cruel bromista que juega con nuestra felicidad.

El dinero… ¿es un bromista?

El dinero… ¿tiene personalidad?

Nosotros, como millonarios concienciados, sabemos que esto no es real. Aun así, este fluir del dinero para financiar nuestra supervivencia básica parece ser una de las mayores fuentes de nuestras frustraciones. Pero, ¿y si existe un vuelco en los acontecimientos esperando a que lo percibamos?

¿Y si las facturas mensuales guardaran un secreto para conseguir aún más dinero? «El único propósito del dinero es expresar agradecimiento». ¿Qué quiere decir eso? ¿Que besemos con agradecimiento cada factura que recibimos en nuestro correo? ¿Que escribamos «¡Gracias!» en cada cheque que enviamos? ¿Que enviemos flores al gobierno por hacernos pagar impuestos?

Éstas son ideas absurdas para la mayoría, pero son una herramienta oculta para la prosperidad para el millonario concienciado.

Cuando enviamos dinero a la compañía del gas, a la compañía del teléfono o para pagar la hipoteca, en realidad estamos expresando agradecimiento por la abundancia con la que vivimos diariamente. Tenemos un techo sobre nuestras cabezas. Da gracias por ello. Tenemos un teléfono para mantenernos cerca de nuestras familias y amigos. Da gracias por ello. Tenemos un coche que nos lleva donde queremos, en cualquier momento. Da gracias por ello. Tenemos una educación académica que nos transformó. Da gracias por ello. El único propósito del dinero es expresar agradecimiento, y cada cheque que emitimos para pagar una factura es una oportunidad de expresar gratitud por lo que tenemos.

Pero ésta no es simplemente una perspectiva del vaso medio lleno frente a la del vaso medio vacío. Ni siquiera se acerca al poder que subyace en la positividad del agradecimiento. Es la diferencia entre una actitud de escasez y una actitud de abundancia. Es la diferencia entre la actitud de pobreza y la actitud de prosperidad. Es la diferencia entre la actitud de víctima y la actitud concienciada. Sólo cuando abandonamos la actitud de escasez, de pobreza y de víctima veremos una verdad deslumbrante.

Envueltos en estas actitudes, hemos emitido señales claras de que no apreciamos el dinero, no respetamos el dinero y no entendemos el dinero. El dinero va a otro lugar. Ya sea expandiéndose en el universo o simplemente en nuestra mente subconsciente, la vibración de la actitud de escasez, de pobreza y de víctima es suficiente para silenciar cualquier posibilidad de abundancia concienciada.

Mientras pensemos de manera consciente o inconsciente que el dinero es malo, maligno o escaso, atraeremos a nuestra conciencia pruebas de nuestra creencia. Una persona cree en teorías conspiratorias, y un día su ordenador tiene un virus que requiere pagar un rescate para eliminarlo. Una persona cree que no se puede confiar en nadie, y un día su jefe la despide. Una persona cree que el dinero corrompe, y un día su socio roba a sus clientes.

La gratitud y el agradecimiento hacen desaparecer de manera natural estas vibraciones malignas dentro de nosotros. Cuando expresamos gratitud, nos abrimos a recibir más, a ganar más, a lograr más y a hacer más. Estamos diciendo a cada aspecto de nuestra persona, y a todo lo que encontramos, que estamos preparados. Estamos preparados para recibir porque apreciamos lo que recibimos.

Y no sólo que estamos listos para recibir, sino que también estamos listos para dar. Ésta es la clave.

Recibir es tan importante como dar: ¿de qué otro modo vendrá a ti el dinero? Sin reconocer tu valía, o la del servicio que ofreces, el dinero no vendrá a ti. Y cuando viene, debes apreciarlo para que se quede.

Éste es el flujo cíclico del dinero.

El dinero fluye constantemente a nuestro alrededor. No faltan oportunidades para aprovechar este flujo. En cualquier momento dado, sólo en Estados Unidos, hay más de un billón de dólares fluyendo entre todos nosotros. Un billón de dólares en papel y en moneda, dinero que podríamos guardar en nuestros bolsillos, y debemos saber que va a venir hacia nosotros si nos mantenemos abiertos a él.

¿Realmente vivimos en un mundo en el que el dinero sólo va hacia aquellos que son lo suficientemente listos como para desviar una parte para ellos? ¿Realmente sólo se trata de conocer las reglas del juego y salir adelante? Por supuesto que no. Ésa es una forma anticuada de ver nuestra economía.

Un sencillo ejemplo es un restaurante que nos encanta frecuentar. A pesar de que hay un montón de restaurantes en el barrio, siempre acabamos volviendo a ése. ¿Por qué? En parte por la deliciosa comida (italiana, naturalmente); en parte por su precio.

Pero suele ser lo intangible lo que nos hace clientela fiel, que nos hace querer volver y ofrecer parte de nuestra porción de billón de dólares a este restaurante.

Eso intangible suele ser una forma de agradecimiento que sentimos por parte del camarero o del propietario. Nos sentimos apreciados cuando vamos allí. Lo sentimos en el modo en que nos hablan, el modo en el que interactúan con nosotros, el modo en que nos tratan como clientes habituales o incluso como amigos. Percibimos la atención al detalle: las flores en la mesa, la vela encendida, la pastilla de menta que traen con la cuenta. Todo ello nos está diciendo gracias. La llamada de ese agradecimiento es innegable. Volvemos para recibir más.

Es un signo de una nueva economía que ha surgido desde nuestras calamitosas recesiones y las luchas que hemos vivido como sociedad desde el cambio de milenio.

En medio de las luchas y las dificultades, observamos nuevas tendencias en la forma en que las personas quieren interactuar con las empresas. Vemos un aumento en los negocios independientes en Estados Unidos. La combinación de estos factores, un cambio en la interacción y un aumento de los empresarios independientes son las principales bases para el millonario concienciado.

Como si la lucha de las dificultades económicas sólo reforzara su determinación, estos nuevos empresarios están en sintonía con las oportunidades que ven en todas partes, oportunidades que están ahí, esperando a que luchen por ellas. Éstos son los empresarios que construyeron empresas cuando todo el mundo los advirtió en contra de ello. Éstos son los empresarios que prosperaron con la convicción de que la autosuficiencia y la participación comunitaria era el camino a la prosperidad.

Tomemos como ejemplo una librería. Durante la mayor parte del siglo XX, las librerías y bibliotecas independientes eran la forma predominante de compartir la alfabetización. Todavía no existían las megatiendas. No existían los gigantes de Internet.

Pero llegaron. Comercios familiares que habían existido durante generaciones se quedaron sin negocio por culpa de Barnes & Noble. Barnes & Noble... el gigante invencible. Pero entonces apareció Amazon y dejó a muchas tiendas de Barnes & Noble sin negocio. Ciertamente, es mucho más sencillo hacer un pedido *online*.

Entonces esta nueva economía de emprendedores autosuficientes empezó a emerger. Ahora, encuentras que una librería independiente abre en tu barrio, pero no sólo eso: también tiene una cafetería en el interior. Hacen un *cappuccino* estupendo.

De pronto, parece una novedad entrar y pasar media hora tomándote un café, pasando las páginas de un libro por el que sentías curiosidad y charlando sobre él con un desconocido.

En una era de comodidad, tal y como vemos con Internet, estamos observando movimientos para volver a traer la experiencia de la vida real a nuestras comunidades. El toque humano. La calidez de la realidad. Es la economía principal para el millonario concienciado.

Éste es el momento en que las oportunidades, el apoyo y los recursos para emprendedores son mejores que nunca. Éste es el momento en el que nosotros, como una comunidad global, estamos expresando y apoyando de modo gradual un deseo de conectar más. Nuestro mundo está en un cambio y desarrollo constante. El cambio es inevitable, y el millonario concienciado se adapta.

No podemos ser fatalistas en cuanto a un mundo decreciente con oportunidades decrecientes. No podemos conversar sobre la pérdida del alma de la humanidad. No podemos sucumbir a una mentalidad apocalíptica acerca de grandes y malignas empresas que siempre nos van a tener atrapados. No debemos ser víctimas de los tiempos ni de las circunstancias.

Debemos ver más allá de estas distracciones para centrarnos en el aquí y el ahora. Debemos expresar nuestra gratitud por lo que tenemos y dejar que nos guíe hacia las oportunidades que están esperando ante nosotros. Como millonarios concienciados, debemos aportar soluciones al mundo. Debemos traer oportunidades al mundo. Para ello, debemos canalizar nuestra propia autosuficiencia para aprovechar la oportunidad que ya nos está esperando.

Capítulo 13

Olvídate de vender, empieza a compartir

Primero las personas, después el dinero y luego las cosas.

SUZE ORMAN

Para J. C. Penney, ninguna de las condiciones para que una empresa sea normalmente rentable existía. Excepto en su mente. No tenía ventajas que le hicieran avanzar, a excepción de su pasión por enriquecer las vidas de aquéllos en su comunidad. Él sabía que las personas merecían algo mejor, que estarían de acuerdo en ello y que iban a aprovechar lo que él les ofrecía.

Los habitantes del pueblo luchador de Kemmerer, Wyoming, entraban en la tienda Golden Rule y veían ropa a la moda y bien hecha. En lugar de sentir una derrota inmediata, darse la vuelta y salir por la puerta, podían sumergirse en las compras. Tenían la confianza de que podían permitirse lo que estaba delante de ellos. Eso era estimulante, les llenaba de orgullo. Llevar esa ropa cambió la forma en que una persona se sentía caminando por la calle.

Lo que es más extraordinario es que no acabó con que la gente pudiera comprar y cómo eso les hacía sentir. Sus empleados también estaban motivados. Su participación directa en el negocio les hizo sentir entusiasmo, confianza y motivación; todas las cualidades que los clientes querían para sí mismos. Esto creó una relación positiva entre los clientes y los vendedores.

Éste es el profundo poder de modelo de negocio de Penney. Creó una experiencia muy positiva para las personas en ambos lados de la línea: el lado del comprador y el lado del vendedor.

Tenemos un producto, tenemos un servicio. Algo bueno. Ahí es donde comienza el viaje de todo empresario. Debemos poner este producto o servicio apasionado en manos de las personas adecuadas, personas que lo aprovecharán al máximo.

Si no vendemos, si no comercializamos, si no promovemos, nuestro negocio se quedará en el sótano, junto con todas nuestras buenas intenciones no cumplidas. El negocio es vender. Hay que vender.

Vender.

Un concepto que se percibe con cualidades demoníacas tan terribles como el propio dinero.

En particular para las personas con inclinación espiritual.

Muchos creen que:

Vender es vil.
Vender es engañoso.
Vender no es honesto.
Vender es manipulador.
Vender es antinatural.
Vender es feo.
Vender no es en absoluto inspirador.

Estas afirmaciones son ciertas con demasiada frecuencia.

Hay personas que han abusado de un modo despreciable de su astucia en la venta para engañar a la gente y quedarse su dinero. Hay personas que han abusado de los desesperados para su propio beneficio económico. Hay personas que venden sin compasión, sin comprensión, sin sensibilidad y sin visión alguna. Hay personas que mienten, engañan y roban para darle la vuelta a la venta. Hay personas que traspasan los límites de las reglas para hacerse con la venta.

¿No es deshonesto vender de modo intrínseco? ¿No contamina las partes de nuestras almas entregadas a la misión de donar? ¿No es donar en sí la máxima expresión del bien, siendo la venta un pariente suyo contaminado? ¿No contamina nuestra pasión, nuestro propósito y hace descarrilar nuestra misión?

No. No es el caso. El millonario concienciado conoce la verdadera naturaleza del negocio.

El negocio es compartir.

Mira todas las facetas del ADN del millonario concienciado: pasión, propósito, misión, intuición, inspiración, espiritualidad y ética. El millonario concienciado quiere hacer que todo suceda, presentarlo al mundo y compartirlo.

Venta, comercialización, promoción; así son los negocios. El negocio es la forma en que compartimos nuestra persona, nuestra pasión y nuestros productos o servicios con las personas que obtendrán un beneficio de ellos. Es la forma en que manifestamos nuestra misión para que se haga realidad.

Alma + Negocios = Compartir

Debemos saber quién se va a beneficiar. Debemos saber dónde encontrar a las personas que se van a beneficiar. Debemos saber cómo conectar con esas personas. Debemos saber qué comunicar a esas personas. Debemos saber cómo vender.

Podríamos acercarnos corriendo a desconocidos en la calle y gritar: «¡Yo puedo hacerte feliz!» y simplemente nos ignorarían, nos tomarían por un alma desviada que en secreto busca una limosna. No importaría el tipo de bien que tuviéramos en nuestras manos. No importaría si en realidad pudiéramos o no salvar sus vidas. Gritarles en la cara con la esperanza de que entiendan de inmediato lo valiosos que podemos ser para ellos es profundamente ineficaz.

Vacilar y darle vueltas a la venta es igualmente ineficaz. La gente desconfía de la falta de confianza. Si no podemos ser convincentes, asumen que el producto debe tener algo malo.

Vivimos en un mundo lleno de distracciones, de ajetreo desbordado, de gente que reclama nuestra atención, nuestro interés y nuestros deseos. Nuestros sentidos están sobrecargados. Hay muy poco espacio para comunicarse en un mundo con tanto ruido.

Entonces, ¿cómo hablar con ellos? ¿Cómo comunicarles los beneficios que les ofrecemos? Tenemos que hablar desde el corazón, desde el alma, desde la pasión, con verdadera comprensión y empatía por las personas a las que servimos: nuestros clientes.

Pocos autores hicieron hincapié en esto mejor que Dale Carnegie. Su obra maestra del año 1936, *Como ganar amigos e influir sobre las personas,* sigue siendo un clásico en la actualidad. Centrarse en la otra persona, y no en ti, es la clave de cómo piensa y se comporta un millonario concienciado. Se trata de entender y servir a la otra persona, no a ti mismo. Como consecuencia de servir a los demás, te servirán a ti.

Él escribió: «El éxito en el tratamiento de las personas depende de una comprensión empática del punto de vista de la otra persona». También escribió: «Recuerda que otras personas pueden estar totalmente equivocadas, pero ellas no lo creen. No las condenes. Cualquier tonto puede hacer eso. Tratar de entenderlas».

El famoso maestro de ventas y autor Zig Ziglar, también apuntaba en esta dirección cuando dijo: «Puedes tener todo lo que desees en la vida tan sólo ayudando a otras personas a conseguir lo que quieren».

Los mejores redactores lo saben. Como escribí en mi libro, *Hypnotic Writing:* «Sal de tu ego y entra en el ego de la otra persona». Céntrate en escribir y hablar sobre lo que la otra persona obtiene, no en lo que tú vendes u ofreces.

No decimos: «Tengo la mejor solución que jamás existirá. Mi producto está lleno de estas características y estas otras que arrasan con todo lo demás. Mi producto va a cambiar la forma en que el mundo gira». Eso va a suceder con la misma regularidad con la que se reinventa la rueda.

Lo decimos de manera diferente. Decimos: «Tienes un problema que te afecta de esta manera. Desmerece tu vida de esta manera. Te reprime de esta manera. Tengo una solución que no sólo resuelve tu problema, sino que te aporta felicidad. Te aporta una vida mejor y una mayor satisfacción en lo que hagas».

Bruce Barton, cofundador de BBDO, el gigante de las agencias de publicidad, explicó la diferencia entre vender gasolina y vender sueños cuando dijo que vender gas era vender un producto, pero vender el sueño final de poder ir de vacaciones o a trabajar gracias al combustible en el coche era vender el beneficio.

No sólo hablamos con su mente racional. Hablamos con su núcleo emocional, con sus más profundos intereses, deseos y dolores. Nos hacemos eco de lo más recóndito de su ser.

Hacemos esto saliendo de nosotros mismos, yendo más allá de nuestros propios deseos personales. Nuestros objetivos deben surgir a partir de las necesidades y deseos de nuestros clientes.

Si hablamos con integridad, con honestidad, con pasión y con el compromiso de marcar una diferencia en sus vidas, entonces vemos el lado inspirador de la venta.

No hay que olvidar que todos nosotros somos individuos perspicaces. Pensamos por nosotros mismos. Consideramos las cosas de modo inteligente. Miramos las opciones y todos tenemos un medidor intuitivo decente que nos dice cuándo algo está a punto o cuándo algo está fuera y en contra de nuestros propios intereses.

Sin embargo, hay veces en que en nuestros momentos más desesperados vamos a aferrarnos a cualquier solución que tenga la más remota posibilidad de salvarnos. Pero si nosotros, como millonarios concienciados, ponemos nuestra integridad por delante, si hablamos con respeto y dignidad, entonces nunca tendremos que preocuparnos por el lado oscuro de la venta y la persuasión. Tu autenticidad inherente estará al lado de tu comunicación y hablará con el observador auténtico que existe en tu cliente.

Tenemos que ser triunfadores de nuestra pasión y tenemos que ser triunfadores de nuestro producto. Debemos creer que estamos proporcionando un valor trascendente a nuestro cliente. Porque si no es así, tenemos que dar un paso atrás y volver a evaluar lo que estamos haciendo. Si estamos elevando nuestra pasión, propósito y misión a la máxima potencia, entonces debemos hacer justicia a ello. Debemos poner nuestros productos en las manos adecuadas y no dejar que el miedo a la persuasión y la venta se interponga en nuestro camino. Estamos en el negocio de compartir.

Capítulo 14

¿Cuánto es suficiente?

Tengo todo el dinero que jamás necesitaré si muero a las cuatro.

HENNY YOUNGMAN

¿Cuánto es suficiente?

En algún momento, el millonario concienciado debe enfrentarse con la idea de la escasez frente a la abundancia. Según la antigua manera de ver el mundo, la escasez es lo que impulsa a las personas. Trabajan para pagar las facturas. Es siempre una lucha debido a los problemas con las creencias sobre el dinero, el éxito y la dignidad. No es habitual dejar de luchar en la vida para llegar a un lugar en el que uno confíe lo suficiente como para descansar; la mayoría tiene que seguir trabajando.

En la nueva visión del mundo, hay más que suficiente. Hay abundancia. Es básicamente el mismo mundo, pero el millonario concienciado ve oportunidades donde antes de no veía ninguna. Se da cuenta de que el dinero, de una forma u otra, está al alcance de todos. No tiene por qué estar gobernado, restringido o repartido. Está disponible, y perseguir tu pasión es la forma de sacar beneficio y recibir tu parte.

Pero ¿cómo de grande debe ser tu parte? ¿Cuánto es suficiente? ¿Deja uno de recibir dinero cuando llega a una cantidad específica? ¿Deja uno de trabajar cuando logra un sueño en particular?

El millonario concienciado se da cuenta de que no hay una cantidad o una fecha límite para la pasión. Mientras el dinero entre, lo reciben y lo administran. Mientras la pasión corra por sus venas, seguirán haciendo un trabajo que sienten como un juego lleno de energía.

Mientras las personas estén dispuestas a pagar por el servicio o producto que ofrece el millonario concienciado, entonces recibir es la consecuencia directa. Pocos respetan lo que se les da de forma gratuita, por lo que continuar cobrando y sacando provecho es el camino de un negocio adecuado. Ciertamente, el millonario concienciado a veces puede ofrecer un servicio *pro bono,* pero no como una manera de devolver, ¡ya que el millonario concienciado sabe que no ha cogido nada que tenga que devolver! Si ellos dan algo, lo hacen con el corazón abierto y con predisposición a compartir en ciertas situaciones.

¿Pero qué pasa con el gasto y la compra de las cosas? El millonario concienciado sabe que gastar y comprar son formas de mantener la economía en movimiento y dar trabajo a todos. Cuando alguien paga una sola cena, está apoyando a cerca de setenta personas que ayudaron a hacerla. No sólo el dueño del restaurante, sino todo el personal de camareros, el cocinero, los agricultores, los transportistas que ayudaron a que la comida llegara donde debía ser preparada. Una cena se convierte en un estímulo para la economía, y lo mismo ocurre con todas las demás compras.

Donar tampoco tiene límites. Donar es bueno para el alma del que da, y puede suponer un cambio de vida para el que recibe. Sin la donación de magnates como Andrew Carnegie, puede que las bibliotecas nunca hubieran estado disponibles para despertar la vida de millones de personas. Sin la entrega de los demás, puede que nunca se hubieran financiado las buenas causas.

Programas como Kickstarter, una forma de recaudar fondos en línea para proyectos individuales, son la nueva ola. Una persona normal, puede que sin formación, experiencia o los fondos suficientes, publica una solicitud en Kickstarter. Allí cuenta su historia, pide dinero y ofrece algo a cambio, como un álbum firmado. El público responde y dona dinero. El equipo detrás de Kickstarter obtiene un porcentaje de éste. Es una situación beneficiosa para todos. La persona que busca fondos recibe dinero, las personas que donan los fondos consiguen algo por ayudarle y Kickstarter obtiene beneficios. Nadie debería poner un límite a los beneficios de la empresa como resultado de un servicio tan espectacular.

A menudo oigo a personas que piensan que todo lo que ofrezco debería ser gratis. Parecen no darse cuenta de que su petición revela sus creencias limitantes acerca del dinero, o de que sus creencias limitantes son la razón por la que están luchando y queriendo todo lo que se les da. Después de todo, cuando ofrezco un programa como The Zero Point y le pongo un precio, es porque no fue gratis elaborarlo.

La realidad es que las personas involucradas quieren cobrar.

- Los ingenieros de sonido quieren cobrar.
- Los artistas gráficos quieren cobrar.
- Los comerciales de tarjetas de crédito quieren cobrar.
- Los fabricantes quieren cobrar.
- Los propietarios del almacén quieren cobrar.
- Los transportistas quieren cobrar.
- Mi personal quiere cobrar.

¿Y por qué quieren cobrar? Por la misma razón que tú. Porque también tienen sus propias facturas.

¿Entonces merece la pena realmente pedir que te envíen un programa como The Zero Point (www.thezeropoint.info) por nada a cambio? ¿Tiene sentido? ¿Es justo? Además, la mayoría de las personas no valoran lo que se les da como donativo.

Yo regalo mi libro *Attract Money Now* en www.attractmoneynow.com. ¿Lo has leído? ¿Has puesto en marcha los siete pasos descritos en él? Sé sincero.

También regalo *los tres* volúmenes de *The Miracles Manual* (www.miraclesmanual.com).

¿Has ido a buscarlos? ¿Los has leído? ¿Has puesto en práctica lo que has leído? Di la verdad.

Si te tomas en serio marcar una diferencia en tu vida, entonces deja de pedir obsequios e invierte en tu propio despertar. Es la diferencia entre gratuito y libertad.

Siempre existirán los críticos. Algunos dirán que el millonario concienciado tiene demasiado. Lo dirán de cualquiera que tenga más dinero que ellos, por supuesto. En realidad, cualquiera puede atraer la cantidad que desee y distribuirla como desee. No existen límites para los ingresos, excepto los límites mentales. No existen límites para gastar, ahorrar o donar, excepto los mentales. El millonario concienciado tiene que responder a su propia paz mental, no a la paz del crítico.

Si se persigue la pasión llega el beneficio; si se comparte el beneficio como uno desee, se crea un equilibrio en el mundo. Como esta fórmula no está limitada a ninguna persona o grupo de gente, cualquiera puede entender las bases del estilo de vida del millonario concienciado y hacer con su dinero lo que le plazca. Entonces, en lugar de condenar a los que tienen dinero, ellos también pueden modificar su relación con el dinero y convertirse en millonarios concienciados.

Nunca hay demasiada riqueza; lo que no hay es suficiente consciencia acerca de cómo recibir y distribuir el flujo de dinero que entra.

Capítulo 15

Nunca jamás vuelvas a fracasar

Nunca confundas el tamaño de tu salario con el tamaño de tu talento.

MARLON BRANDO

Existe otro propósito oculto que ensucia nuestra comprensión y relación con los negocios y la venta. Tenemos que enfrentarnos a él, de otro modo no avanzaremos. Son nuestros propios miedos de insuficiencia, autoestima y fracaso.

Al igual que con los conceptos de dinero y ventas, el millonario concienciado tiene una comprensión del fracaso completamente diferente y contradictoria a la mayoría de la gente, y es muy sencillo.

¿Cuáles son los temores más profundos y oscuros de todo empresario? Lanzar nuestro producto y que nadie lo compre. Entonces creemos que la misión no tiene ningún valor. Nuestra autoestima era una ilusión. Hemos fracasado.

Lanzamos nuestro producto, y entonces vemos otro que es desagradablemente similar. Creemos que hay demasiada competencia. ¿Cómo podemos lidiar con los demás?

Lanzamos nuestro producto, la gente lo compra, pero se quejan con amargura. Una vez más, hemos fracasado. Nos hemos debido de equivocar.

Pero no hemos fracasado.

No existe tal cosa como el fracaso; sólo hay reacciones.

Las reacciones son algo hermoso para el millonario concienciado. Tanto si se presentan en forma de clientes satisfechos, un ensordecedor silencio o un alboroto cacofónico; todo son reacciones.

El millonario concienciado da la bienvenida a todo tipo de reacciones, ya que son la puerta de entrada a la oportunidad.

Reacciones = Oportunidades

La vida es un gran libro de *Elige tu propia aventura*. Esto es especialmente evidente cuando nos fijamos en la forma en que cada uno reaccionamos al fracaso. Las elecciones que hacemos en los momentos de fracaso son algunas de las más impactantes de nuestra vida.

Una mujer quiere llegar a ser humorista; no desea nada más que hacer reír a la gente. Practica su primer número un centenar de veces: se graba a sí misma, analiza sus tiempos y retoca su ritmo, su énfasis, cada detalle. Cuando llega su gran noche, se encuentra con público muy poco receptivo. Se siente desolada.

Se va a su casa, se bebe media botella de vino y se va a dormir. Durante los siguientes días, habla con sus amigos acerca de realizar algunos cambios en su número e intentarlo de nuevo, pero no puede enfrentarse a la decepción una vez más. Lo pospone una y otra vez. Nunca vuelve a ir a un club de comediantes y su sueño queda aparcado.

O se va a su casa, se bebe media botella de vino y se va a dormir. (No es una vergüenza celebrar una pequeña fiesta de autocompasión). Al día siguiente, piensa en el público. Es doloroso recordar sus caras serias, pero se obliga a hacerlo. Ahora que lo piensa, era un público excesivamente joven. Había una especie de ambiente de posgraduado. No es de extrañar que no entendieran sus chistes acerca de ser una treintañera soltera y con gatos. Decide probar en otro lugar con un público un poco más mayor. Es angustioso, pero hace exactamente el mismo número, y el público se ríe.

O al día siguiente, pide a un par de amigos que vengan y sean su público cautivo. A sus amigos el número les parece genial, pero ella piensa: «Por supuesto; si fuera malo no me lo dirían». Pero después, uno de ellos dice algo que ella nunca había considerado. Su amiga le dice que le llevó un tiempo captar su sentido del humor porque era muy diferente a todo lo que había oído antes. Tal vez hubiera un modo de preparar al público, de darles la oportunidad de captarlo antes de lanzarse a hacer el número. Decide intentarlo, y en su siguiente actuación el público se ríe.

O al día siguiente, busca al gerente del club donde actuó y le pregunta por su sincera opinión sobre su número. Es difícil escuchar lo que tiene que decir, pero ve la verdad en mucho de lo que dice, y se da cuenta de que había un montón de cosas de las que no se había percatado al criticarse a sí misma. Hace algunos ajustes en su número y lo intenta de nuevo. Esta vez, recibe una gran cantidad de sonrisas y algunas risas. Más tarde, habla de nuevo con el gerente, que sólo tiene palabras de aliento para ella. Le dice que no lo deje y que siga mejorando. Así lo hace, y el gerente se convierte en una especie de mentor para ella.

Sólo hay una opción para fracasar y abandonar en esta historia. Hay muchas opciones para seguir adelante, hacer descubrimientos, hacer cambios y dar un giro radical; un millón de formas de avanzar.

Tenemos la oportunidad de hacer preguntas: ¿ahora qué? ¿Cómo podemos hacer esto mejor? ¿Qué podemos ajustar? ¿Estábamos en el lugar correcto? ¿Era el momento adecuado? ¿Qué podemos añadir? ¿Qué podemos eliminar? ¿Estamos hablando con las personas adecuadas? ¿Cómo podemos convertir esto en algo bueno? ¿Cuál es el producto o servicio oculto?

Estas oportunidades son los regalos que nuestros clientes nos hacen. El objetivo de cada misión es valorarlos, darles lo que quieren o necesitan, darles lo mejor de nosotros. A través de sus reacciones, nos dicen todo lo que necesitamos saber con el fin de hacerlo. Tan sólo hay que escuchar.

En 1984, un escritor luchador trató de vender un curso de seis lecciones sobre cómo escribir; lo comercializó mediante un anuncio clasificado. Luchó por conseguir el dinero para el anuncio. Y lo hizo. El anuncio fue un fracaso. ¿Había fracasado? No. Era una reacción. El joven cogió las seis clases y las recopiló en el que se convirtió en su primer libro publicado. Lo sé. Era mi libro *Zen and the Art of Writing*. Verlo publicado fue un momento decisivo en mi vida, pero no llegó hasta después de un fracaso.

Golpea un obstáculo; rodéalo; tropieza; levántate; sufre un revés; sigue adelante; más rápido. Planta cara a un desafío; sé más inteligente; choca contra una pared; trepa por ella.

La elección de aceptar las reacciones y luego dejar que nos muestren la oportunidad es nuestra. No siempre sabemos dónde nos llevará la oportunidad, pero todos los caminos conducen al éxito.

Capítulo 16

Todos salen ganando

El dinero por sí solo pone al mundo entero en movimiento.

PUBLIO SIRO

El espíritu empresarial del millonario concienciado se expresa en tres palabras: todos salimos ganando.

Cuando nos mantenemos fieles a nuestro credo, a nuestra misión y a nuestros valores, entonces todo el mundo sale ganando. Ganamos nosotros, ganan nuestros clientes y gana la comunidad.

Nosotros salimos ganando porque hemos entregado con éxito un inmenso valor para nuestros clientes. Nuestros clientes salen ganando mediante el impacto que les ofrece nuestro producto o servicio. La comunidad, ya sea local o global, sale ganando por la proliferación de acciones positivas que suceden dentro de ella.

Una sola transacción empapada del espíritu en el que todos salen ganando genera un efecto dominó que puede afectar a cientos, miles y, en algunos casos, millones de vidas.

Un secreto poco conocido para atraer el éxito en todos los ámbitos de la vida es buscar la situación en la que todos salen ganando en todas las relaciones.

- No quiero salir ganando, sino que el otro lado pierda.
- No quiero que sencillamente todos salgan ganando, aunque está muy bien que ambas partes lo hagan.
- Quiero completar el circuito haciendo que *todos* los implicados salgan ganando.

Esto es mucho más de lo que la mayoría de la gente hace. Lo explicaré con una historia.

Durante los últimos diez años hemos vivido en paz en la región de Hill Country, en Texas. Nos encanta esa zona. Hay un terreno desocupado de ocho mil metros cuadrados junto a la oficina que tengo en casa. Los propietarios visitan su propiedad una vez al año y cuando los veo trato de comprárselo, pero se niegan. Vuelven un año más tarde y me ofrezco de nuevo a comprarlo, pero se niegan. Y así continuamente. La situación era aceptable, ya que no habían construido nada en la propiedad en todo este tiempo. Estábamos tranquilos y todo estaba bien.

Sin embargo, al poco tiempo enviaron trabajadores e inspectores a su terreno. Era un mal presagio. Las obras comenzarían pronto y tendría que hacer frente a un año de ruido por la construcción de su casa y después a toda una vida con vecinos. Sentía pavor. Estaba imaginando que mi serenidad desaparecería para siempre.

Yo sabía que *en algún lugar* tenía que haber una situación en la que todos saliéramos ganando; simplemente no podía verla. ¿Qué iba a hacer? Me preguntaba dónde estaba mi situación beneficiosa.

Nerissa, mi esposa, se conectó a Internet y encontró un terreno de veinte mil metros cuadrados en venta cerca de nosotros. Lo buscó para tener una idea del precio de los terrenos en nuestra zona. Íbamos a utilizar esa información para hacer una oferta de última hora a nuestro vecino y comprar su terreno. Sin embargo, su hallazgo me llevó a tener una idea descabellada; una idea de la que yo estaba bastante seguro era genial. Doy gracias a mi intuición por ello, así como a mi capacidad de ver una oportunidad y actuar en consecuencia.

Encontré a la agente inmobiliaria de los veinte mil metros cuadrados y le dije: «Si te sale bien una llamada de teléfono, puedo conseguirte dos ventas de terrenos».

Estaba intrigada. Le conté la historia de los ocho mil metros cuadrados al lado de mi casa. Le hablé de los veinte mil metros cuadrados cerca de nosotros. Y entonces le dije: «Llama a los propietarios de los ocho mil metros cuadrados y diles que voy a comprar su terreno por el precio de los veinte mil metros cuadrados al final de la calle».

Ésa sería una situación en la que todos saldríamos ganando. De esta manera yo podría comprar su terreno, ellos podrían comprar uno mucho más grande para construir su casa, y la inmobiliaria obtendría dos ventas. Todos saldríamos ganando.

Sí, tendría que pagar casi el doble del valor de los ocho mil metros cuadrados, pero emocionalmente, ese terreno significaba un millón de dólares de libertad para mí. La inversión valía *mucho* la pena.

No todo el mundo haría eso, por supuesto. La mayoría lucharía para encontrar una manera de conseguir los ocho mil metros cuadrados y apartar a los vecinos. Sólo sale ganando una parte.

Otra persona podría intentar conseguir los ocho mil metros cuadrados y tratar de ayudar a los propietarios a encontrar un terreno equivalente. Es una situación en la que salen ganando ambas partes, pero no es nada del otro mundo.

Pocos pensarían en incluir al agente inmobiliario. Recurrirían a un comprador en la sombra para de alguna manera dejar fuera a la inmobiliaria. Pero en esa situación sólo salen ganando dos partes, no las tres.

Una vez más, un secreto poco conocido en la vida es ir a por la situación en la que todos salimos ganando. Yo hago lo mismo en mis programas de afiliación. Si patrocino algo, es que he utilizado el programa y me gusta tanto que ahora me he afiliado (salgo ganando), sé que el creador del programa está obteniendo buenas ganancias por las ventas a través de mí (sale ganando), y sé que el comprador final será feliz (sale ganando).

¿Por qué no hace esto más gente?

La mayoría de las veces nos da pereza y simplemente venimos con la mentalidad de preocuparnos de nuestras propias necesidades. Pero he descubierto que la verdadera alegría de vivir está en preocuparnos de nuestras necesidades, mientras que *también* nos preocupamos de los demás.

Aquí hay una historia más para ilustrar mi argumento. Hace poco estaba viendo el increíble documental llamado *Rock Prophecies,* sobre un asombroso fotógrafo de las estrellas de rock. Robert Knight ha fotografiado los iconos de la música, desde Led Zeppelin, Slash, Jeff Beck y los Rolling Stones hasta Stevie Ray Vaughan, Santana, Sick Puppies, y muchos más. Hoy en día va en busca de leyendas que aún no han sido descubiertas como Tyler Dow Bryant. Su historia es fascinante e inspiradora.

El fotógrafo no acostumbra a vender los negativos de sus impresionantes y excepcionales fotos. Fue el único fotógrafo que estuvo en el último concierto de Stevie Ray Vaughan, por ejemplo. Sin embargo, nunca ha publicado esas fotos ni muchas otras, de muchas otras estrellas. Le han ofrecido más de 3 millones de dólares por toda su colección, pero no la quiere vender.

Pero entonces la madre de Robert enfermó de alzhéimer. Tenía que ser ingresada en un centro de atención constante. Eso iba a costar alrededor de nueve mil dólares al mes. El fotógrafo no sabía lo que iba a hacer, pero sabía que tenía que tomar una decisión.

Aparentemente de la nada, la hermana de Jimi Hendrix se puso en contacto con Robert. Llegaron a un acuerdo en el que todos saldrían ganando: Robert vendería los negativos de sus fotos de Jimi Hendrix a su hermana y a la Fundación Hendrix, y a cambio recibiría el dinero suficiente para pagar los gastos médicos de su madre cada mes. Obviamente, ésta es una situación en la que todos salen ganando. Robert consiguió el dinero, la fundación de Jimi Hendrix consiguió las fotos y la madre de Robert está recibiendo los cuidados que necesita.

¿Ves cómo funciona esto? De lo que realmente estoy hablando aquí es de amor. Ama a todos los involucrados en tu negociación y asociación y, de manera natural, atraerás la situación en la que todos salen ganando.

La próxima vez que te enfrentes a una negociación, una venta o un problema en tu relación, pregúntate: «¿Cómo podemos salir todos ganando aquí?». Si supones que hay una manera, entonces tu mente comenzará a buscarla. Así que conecta tu radar mental ante la próxima situación beneficiosa para todos.

El espíritu de salir todos ganando encarna la perspectiva global del millonario concienciado. Actuamos localmente, pero alcanzamos logros a nivel global. Nos esforzamos por expandir nuestro impacto tan lejos como sea posible. No miramos de forma miope las acciones que llevamos a cabo. No nos limitamos. Nos expandimos en la medida de lo posible.

Salir todos ganando es una solución a los problemas, además de un modo de pensar.

Los desafíos más grandes a los que los millonarios concienciados se suelen enfrentar se resuelven con la pregunta: ¿cuál es la manera de salir todos ganando? Si identificamos lo que comúnmente se conoce como competencia, ¿cuál es la mejor manera de acercarse a ella? Podemos expandirnos, unir fuerzas, llevar a cabo una lluvia de ideas y cooperar.

Todos ofrecemos algo único, sólo podemos hacernos más fuertes cuando nos apoyamos unos a otros.

Organiza un evento y obtén el doble de asistentes. Presenta un producto que ofrezca dos enfoques únicos, y hazlo llegar al doble de personas. Deriva a tus clientes a la competencia cuando sea apropiado, y viceversa. Podemos darnos cuenta de que la competición se transforma en un aliado inestimable. Hemos visto cómo las reacciones conducen directamente a la oportunidad.

Los millonarios concienciados capacitados para obtener una situación beneficiosa para todos amplían el alcance de las oportunidades. Por ejemplo, una empresa elabora productos orgánicos y sostenibles para el cuerpo y dona un porcentaje de sus ganancias a la preservación de los bosques tropicales. La compañía se dio cuenta de que los clientes se quejaban con frecuencia de que los pulverizadores en sus botellas de plástico se atascaban y debían ser reemplazados. A pesar de que siempre han utilizado plástico reciclado para sus embalajes, aprovechan esta oportunidad para rediseñar sus botellas con un material parecido al plástico a base de maíz, y añadir un tapón dosificador a presión. El dosificador a presión es mucho más barato que el antiguo pulverizador, lo cual compensa en gran medida el coste de utilizar el material a base de maíz de última generación. Ahora sus botellas no se atascan, son biodegradables y un poco más baratas de producir. Todo el mundo sale ganando, incluso el medio ambiente.

Como empresarios, somos siempre éticos, siempre generosos, siempre vamos por encima y más allá. Siempre nos centramos en el bien de los demás y sabemos que esto no sólo es lo correcto, sino que promueve el crecimiento de más riqueza y más enriquecimiento espiritual al mismo tiempo.

No podemos perder como millonarios concienciados. Estamos en una búsqueda constante para poder expandirnos, a sabiendas de que cada vida a la que lleguemos es una victoria.

Capítulo 17

La Gran Idea

Unos bolsillos vacíos nunca han sido un lastre para nadie. Sólo las cabezas vacías y los corazones vacíos pueden serlo.

NORMAN VINCENT PEALE

El millonario concienciado es guiado por visiones de lo que puede lograr a través de su fuerza empresarial. Entendemos, de principio a fin, que nuestros beneficios ocupan un segundo lugar tras nuestra misión, que nuestra recompensa personal se ve atenuada por el impacto comunal. A medida que avanzamos como millonarios concienciados, aguzamos nuestra misión, no sólo a través de la creciente fuerza de nuestra pasión, sino mediante la forma emergente de nuestra capacidad empresarial consciente.

Apoyando a nuestros esfuerzos se encuentra nuestra Gran Idea. Ésta es la razón fundamental de nuestra actividad empresarial. Es nuestro entendimiento de lo que ofrecemos ahora, de lo que somos capaces de ofrecer y, finalmente, lo que ofreceremos a medida que nuestra Gran Idea llega a buen término.

Para muchos empresarios, su Gran Idea son las ganancias. Esto no quiere decir que estén desprovistos de pasión hacia sus clientes, pero no es su fuerza motriz. Es probable que se despierten por la mañana preguntándose: «¿Cómo voy a ganar más dinero hoy?». Como millonarios concienciados, nos despertamos preguntándonos: «¿Cómo voy a causar un mayor impacto hoy?». Es algo más que tener cualidades. Es algo más que el credo. También hay un entendimiento evolucionado de que, en esta era moderna, nuestro beneficio es la expresión directa de nuestra pasión por ayudar a los demás; y nuestra Gran Idea es la expresión sucinta de esta pasión.

La Gran Idea está ahí para nuestra propia visión. Es nuestro sistema de guía interno. Es la forma en que entendemos nuestras acciones, cómo nuestras intuiciones dirigen nuestras acciones, y cómo construimos sobre nuestras acciones. Es nuestra pasión y está basada en ella; crece a partir de nuestra pasión. Está, ante todo, para nuestra propia comprensión y evolución.

Las personas a las que servimos ven el otro lado de la Gran Idea; ven nuestra Gran Promesa. Es nuestra misión empresarial que todos pueden ver. Es lo que ofrecemos a nuestro público. Es lo que garantizamos a nuestros clientes antes de intercambiar dinero. Nuestra Gran Promesa es un compromiso solemne ante el que no nos echamos atrás y no abandonamos. Al contrario, lo desarrollamos con persistencia.

Nuestra Gran Idea y nuestra Gran Promesa están en una persistente espiral ascendente. Contiene el ciclo de retroalimentación mientras nuestra Gran Promesa interactúa y evoluciona en el exterior y regresa para elevar nuestra Gran Idea en el interior. Nos apoyamos en este bucle de retroalimentación, esta llamada y respuesta, esta causa y efecto; y crecemos como consecuencia.

Nuestra Gran Idea está codificada en un lenguaje pensado para nosotros. No requiere una traducción para que los demás la entiendan. Pero nuestra Gran Promesa nos empuja a articular nuestras visiones más allá de nuestra propia comprensión. Nos vemos obligados a traducir nuestra visión para que los demás no sólo puedan comprenderla, sino también responder a ella. Eso significa que no hablamos en el lenguaje de la lógica, sino en el emotivo código del deseo y el beneficio de aquéllos a quienes servimos.

La Gran Promesa se limita a establecer la forma en que nuestro producto o servicio eleva a nuestro público para lograr lo que más desea. No sólo ayuda a las personas a decidir si deben diferenciarse del resto y unirse a nosotros, sino que nos ayuda a seguir rindiendo cuentas con nuestra comunidad. Si nuestra oferta está anclada a una Gran Promesa simple y clara, no nos podemos esconder. Somos responsables de principio a fin. Esta responsabilidad nos hace más fuertes y audaces como Millonarios concienciados, por lo que debemos diseñar cuidadosamente este eje de nuestros esfuerzos.

No podemos caer en las trampas habituales del empresario común. Nuestra Gran Promesa no puede tratar de forzar a la gente a querer algo que todavía no desea. Nuestra Gran Promesa no puede tratar de hablar con personas que realmente no están interesadas.

Si rompemos estas reglas cardinales, comenzamos a erosionar el poder de nuestra Gran Promesa sin ser conscientes de ello. Confiamos en su evolución para evolucionar. Confiamos en su retroalimentación para empujarnos. Confiamos en su verdad y estabilidad para apoyar nuestra misión; un fallo fundamental en su base nos puede retrasar. No tenemos tiempo para contratiempos evitables.

Si permanecemos fieles a nuestra Gran Promesa y crecemos junto a ella, tenemos una base inamovible para construir nuestra empresa con visión de futuro. Nuestra empresa con visión de futuro es el modo en que ganamos dinero. Nuestra empresa con visión de futuro es una de las formas en que expresamos nuestro propósito inspirador.

Dinero + Alma = Más Dinero + Mejor Alma

Sección dos

Tú

Capítulo 18

Quién puedes llegar a ser

Sólo puedes llegar a sentirte verdaderamente realizado en algo que amas. No hagas que el dinero sea tu objetivo. En lugar de eso, persigue las cosas que te gusta hacer y luego hazlas tan bien que la gente no pueda quitarte los ojos de encima.

MAYA ANGELOU

No sé dónde estás hoy.

No conozco la forma de tu personalidad, los contornos de tu subconsciente, ni el diseño de tu vida. No sé si eres feliz con quien eres, o si deseas una transformación. No sé si te sientes orgulloso de lo que eres, o si luchas contra lo que eres. Tal vez todo esto está dentro de ti.

Pero sí sé quién puedes llegar a ser. Puedes convertirte en la encarnación de la colaboración del alma con el dinero. No existe una visión única y absoluta del millonario concienciado perfectamente materializado. Somos personas, no robots. Pero hay un camino común colocado para ti. Se basa en el «Manifiesto» y está impregnado del «credo del millonario concienciado».

Ahora has visto dónde caminaremos juntos. Hemos compartido ese espacio juntos, tú y yo, pero ahora debes recorrer ese camino por ti mismo y labrarte el camino que se adapte a tu alma, a tu pasión, a tu propósito y, en definitiva, a tu misión.

Tu misión no es sólo tuya. Se apoya en el credo. Se inspira en el credo. Se guía por el credo. En tu misión, encontrarás la gran misión que todos compartimos:

Te dedicarás a crear un impacto positivo con tu pasión, tu misión y tu dinero.

Tu negocio se verá impulsado por el deseo de engrandecernos a todos, no sólo a ti mismo.

Tu misión será una expresión de agradecimiento no sólo por tu propio propósito y éxito, sino por el rendimiento inspirador y económico que recibes cuando llevas tu misión al mundo.

Tu misión estará definida por el beneficio para todos, siempre centrada en añadir valor al mundo en que vives a medida que te recompensa con tu propia prosperidad.

Tu misión estará inspirada por la misión general de guiar a más personas hacia la trayectoria del millonario concienciado, predicando con el ejemplo, y ayudando a otros a encontrar su propia manera de descubrir la fórmula: alma + dinero = mejor alma y más dinero.

Quiero llevarte allí. Quiero guiarte hacia el aspecto que tendrás como el millonario concienciado materializado. Quiero ayudarte a labrar la tierra y a plantar las semillas.

Nos llevará un tiempo.

Despertar tu relación con el dinero puede llevar tiempo. Perfeccionar tu misión en una visión práctica llevará tiempo. Dominar el camino consciente a través del emprendimiento llevará tiempo. Acéptalo.

Sin embargo, el millonario concienciado puede comenzar a tomar forma dentro de ti ahora, aquí, en este momento. Las recompensas se verán mañana.

Sólo comienza cuando se ha hecho la elección. Una elección que tú debes hacer. No comenzará hasta que hagas esa elección de seguir el camino de un millonario concienciado.

Tal vez lo hayas hecho ya. Si no, te invito a que hagas algo más que sólo poner un pie en el agua. Si me has seguido hasta aquí y no sientes el más mínimo deseo ardiente, entonces tal vez esta misión no sea para ti, o no lo sea ahora.

Pero si hay un mínimo indicio de fuego en tu interior, si una parte de tu mente, tu cuerpo y tu alma se expanden para llegar a experimentar la aventura del millonario concienciado, entonces mete un pie y luego el otro.

Empieza a recorrer este camino en serio conmigo. Deja que te guíe a través de tus inicios como millonario concienciado.

Capítulo 19

Decisión

El dinero normalmente se atrae, no se persigue.

JIM ROHN

Decisión

Si metes un pie y luego el otro, entonces debes disminuir tu centro de gravedad y clavar sus talones en el suelo. Es hora de tomar una decisión.

Porque tú, como el millonario concienciado, eres una criatura decidida. No prolongas las decisiones que debes tomar. Tomas tus decisiones con convicción, porque hay poder en la decisión.

Mientras que el miedo impide a los demás tomar ciertas decisiones, tú lo vences. El miedo no va a desaparecer simplemente porque así lo desees. El miedo, en cualquier forma, estará allí. Pero el miedo no te frena, y si lo hace, no es por mucho tiempo; porque hay decisiones que tomar, acciones que llevar a cabo y abundancia que lograr.

El miedo es el Gran Crítico. El miedo te permite saber si estás en el camino correcto. Si no sientes miedo, podría significar que no te estás esforzando lo suficiente para acercarte a tu verdadero potencial como millonario concienciado.

Las transformaciones que hay ante ti pueden resultar incómodas, especialmente con los gritos de tu subconsciente que no quiere cambiar. Nuestra mente subconsciente está bastante satisfecha donde está; mantiene su control. Pero, en definitiva, debemos remodelar nuestra conciencia para aceptar el cambio, aceptar el miedo, y convertirlo en nuestro valioso aliado.

Cometerás errores. Te tropezarás. Es posible que sufras. Puede que rápidamente te des cuenta de que había una manera mejor, pero no te alteras en esos momentos. Los desafíos son oportunidades para aprender.

No hay malas decisiones cuando se toman con convicción sincera y plena intención. Sólo hay oportunidades para aprender y crecer. Siempre nos esforzaremos por tomar las mejores decisiones posibles, ya sea a través de nuestra poderosa intuición o mediante los momentos que requieren una cuidadosa consideración.

Otros quedan atrapados en momentos en que tienen muchas opciones frente a ellos. Otros sienten la parálisis del análisis, perpetuamente preguntándose si van a lamentar su decisión una vez que la hayan tomado. Tú no. Tú puedes sentir el peso de la decisión en cuestión, pero no dejas que el peso ni ningún temor te impidan seguir adelante.

Y ahora debes tomar una decisión de peso: ¿estás listo para empezar? ¿Estás preparado para transformarte a ti mismo, poco a poco, día a día, en un millonario concienciado?

Yo diría que es tu destino como una persona inspirada con el deseo de dar la bienvenida a la prosperidad a tu propia vida y a las vidas de quienes te rodean. Pero no puedo decir qué canción está cantando tu alma en este momento. ¿Eres un millonario concienciado? ¿Estás listo para recorrer el camino?

¿Me acompañas?

Empiezas tú

Aquí estamos, tú y yo. Nos encontramos en una encrucijada, un punto en que la decisión es real. Has caminado conmigo a medida que atravesábamos el nuevo paisaje del millonario concienciado. Has oído el grito de guerra, has percibido la visión de largo alcance y has sentido la urgencia, tanto la nuestra como la de aquéllos a los que ayudamos.

Ahora debes decidir si vas a unirte a este movimiento. Debes decidir si estás listo y dispuesto para comenzar la misión de transformarte a tí mismo.

Lo bonito de aventuras como ésta es que ves tu propia transformación cada día. Notarás los cambios en tu pensamiento, en tu actitud, en tu propia naturaleza. Notarás cómo estos cambios se extienden a tu entorno inmediato. Notarás cómo los demás se detienen y perciben una nueva y calmada luminosidad. Notarás el modo en que el dinero viene a ti; de una manera diferente, más rápidamente y con más facilidad.

Pero el viaje para conseguir los verdaderos beneficios del millonario concienciado no va a suceder de la noche a la mañana. No va a ser una transformación mágica. No vendrá envuelto con un bonito lazo.

Debes mantenerte fiel a tu visión, a tu pasión, a tu propósito y a tu misión. Si lo haces, poseerás un nivel de logro imposible de describir, ya que será exclusivamente tuyo. No puedo decirte cómo será tu nueva vida, cuánto dinero vas a ganar de forma consciente, o cuán grande será tu impacto. Pero puedo prometerte una aventura que recordarás el resto de tu vida. Puedo prometer que recordarás el día que dijiste: «Estoy listo», y diste tu primer paso.

Encontrarás pruebas y tribulaciones. Encontrarás las exigencias de la vida que requieren tu atención. Encontrarás resistencia por parte de otros que se resisten al cambio. Encontrarás partes arraigadas de tu subconsciente aferradas al dominio que tuvieron una vez y que montan un escándalo mientras salen de él.

Es posible que te alejes de tus convicciones. Es posible que te muestres inquieto o impaciente. Es posible que te alejes de tu camino. Pero siempre puedes volver a encontrarlo. La aventura del millonario concienciado no se disipa con el tiempo. Los beneficios no se desvanecen con la distancia. Siempre van a estar ahí contigo, a tu lado, trabajando para expandirte más.

Pero si decides acompañarnos, si eliges llevar a cabo ese compromiso contigo mismo, entonces mantén el rumbo al máximo de tu capacidad. Mantente fuerte y firme en tus convicciones y tus acciones. Si vacilas, si te sales del camino, no tienes más que volver a él y seguir adelante.

Nosotros cometemos fallos. Dudamos. Tenemos momentos de debilidad. Sólo somos humanos. Pero los millonarios concienciados no nos culpamos ni nos reprendemos a nosotros mismos, ni nos damos latigazos en un alarde de locura. Simplemente reconocemos cuando fallamos, volvemos a ponernos en marcha y continuamos avanzando hacia nuestro despertar.

Si estás listo para acompañarme, entonces avancemos juntos. Reconozcamos el compromiso que te haces a ti mismo y celebrémoslo, pues el camino que tenemos por delante será como ningún otro que hayas conocido. Te asombrará.

Si has tomado la decisión de iniciar esta aventura, entonces ánclala a tu alma, reconoce la oportunidad y comencemos.

Capítulo 20

Dinero

Toda riqueza tiene su origen en la mente. La riqueza está en las ideas, no en el dinero.

ROBERT COLLIER

Dinero

Se acabó la guerra. El dinero ya no es tu enemigo. Cualquier conflicto financiero que puedas sentir ya no es culpa de una fuerza exterior.

Tú, y sólo tú, tienes la responsabilidad y conservarás esa responsabilidad. Ya no eres la víctima y prodigarás esa libertad. Empieza ahora con un compromiso.

Comprométete a resucitar tu relación con el dinero. Haz en silencio la promesa de ver el dinero con nuevos ojos. Observa su sencilla naturaleza, su forma neutra. Observa la herramienta que puede ser y a quién puede apoyar. Tú tienes el control.

El dinero no es la raíz de todo mal, porque el dinero es neutral. Tú tienes el control. El dinero ya no es el gran destructor, sino más bien una fuerza de creación diseñada por ti mismo. Tú tienes el control. El dinero no puede corromperte porque no tiene poder propio. Sólo tiene tu poder. Tú tienes el control. El dinero no puede endurecer tu corazón, porque ofreces amor y respeto. No hay frialdad en el amor y el respeto. Tú tienes control.

El dinero no puede controlarte, encarcelarte o cambiarte. Nunca pudo hacerlo. Sólo tus ideas acerca del dinero te controlaban. Sólo tus emociones tras el dinero te encarcelaban. Sólo tus hábitos con el dinero te encadenaban.

Esas ideas están cambiando. Estás despertando. Estás encontrando tu control inspirador. A medida que avanzas a través de este momento de despertar, te preguntas: «¿Cómo ha podido durar tanto tiempo esta guerra falsa? ¿Cómo he vivido esta falsedad con tanta precisión y compromiso?».

Tal vez te sientas consternado por el tiempo y la energía desperdiciados en una guerra tan ridícula. O tal vez es culpa, vergüenza, conmoción o incredulidad. No luches contra ello. Reconócelo, respeta su presencia y luego dejarlo ir como una sombra que pasa con el sol. Deja de lado cualquier pensamiento o emoción que no tenga ninguna importancia para el lugar en el que te encuentras ahora: mirando hacia adelante.

Fortalécete con la gratitud de saber que ahora te has librado de esa guerra. La niebla se ha disipado y nunca podrá volver. No puedes romper tus cadenas, salir de la cueva, ver la luz, regresar a la cueva, encadenarte una vez más y pretender que nunca viste la luz.

Sabes qué es esa luz. Sabes qué es la libertad. Es la luz y la libertad de una vida sin la carga de una batalla contra el dinero, un enemigo que nunca existió.

Se acabó maldecir tus facturas, tus deudas o tus pasivos. Sólo existe gratitud por la luz, la calefacción, el teléfono, el coche o la casa que esas facturas representan. Escribe notas de agradecimiento en tus cheques. Envíale galletas a tu cobrador. Nunca volverás a maldecir el dinero, pues ¿cómo maldecir lo que nos trae abundancia? Es una idea ridícula que ya no tiene sentido para ti, el millonario concienciado.

Cuando te fijas en la comunidad que te rodea, no ves la codicia o la podredumbre que es el dinero; ves la codicia y la podredumbre que hay en un alma humana con problemas que se ha perdido. No ves un control maligno al mando de la felicidad de las almas indefensas. Ves a las personas madurar para su despertar, preparadas para subir a la cima y ver el campo de batalla donde un bando lucha contra un enemigo que nunca estuvo allí.

Si te encontraras con una multitud de personas tirando dinero a las llamas, no te alegrarías y tampoco llorarías; sólo lamentarías la oportunidad perdida de crear un impacto por una ignorancia heredada que nuestra sociedad ha vivido durante generaciones.

Tú has roto el círculo vicioso. La lucha entre el odio y el amor se ha detenido a tus pies, ya no se puede permitir ni un momento de tu tiempo. No es tu destino enredarte en este círculo vicioso. Nunca lo fue. Ahora lo sabes.

Te has unido a las filas de los millonarios concienciados. Puede que no todos se conozcan a sí mismos como tales, pero conocen la fórmula y conocen la verdadera relación con el dinero por lo que es: potencial, poder y prosperidad.

Ahora estás junto a ellos, aquellos que ni aman ni odian al dinero. Estás junto a ellos, con los que no luchan contra él, ni por él. Estás junto a ellos, con los que lo controlan y sin embargo lo respetan. Estás junto a ellos, con los que lo utilizan para dar y transformar.

Y el dinero vendrá a ti, ya que ahora tiene un hogar. Cuenta con un refugio seguro y un vínculo enriquecedor. Se le permite ser lo que es: neutro. Una herramienta preparada para que tu visión le dé una misión.

¿Sientes avaricia por él? No. Eres un millonario concienciado.

¿Lo amas? No. Eres un millonario concienciado.

Saca un billete de tu cartera. O saca una moneda de tu bolsillo. Sostenlo en la mano. No respira. No habla. No te mira fijamente. No siente nada por ti. Pero va donde tú decides.

¿Dónde lo vas a poner?

¡Imagínate lo que podrías lograr con tu dinero si tuviera una misión!

Imagina que tienes exactamente un millón de dólares en tu banco. ¿Qué harías con ese dinero? ¿Cómo lo usarías? ¿Cómo vivirías para tu misión? ¿Cómo crearías un impacto? ¿Qué causa apoyarías? ¿Qué decisión tomarías? ¿A quién ayudarías?

¿Cómo invertirías no sólo en tu futuro, sino en nuestro futuro? ¿Cómo transformarías tu dinero en una expresión de tu pasión, tu propósito y tu misión? ¿Cómo transformarías ese dinero en una expresión de tu alma?

Tal vez tengas una imagen clara, o tal vez todavía no. No importa si ahora es una imagen difusa. Lo que importa es que sientas que estás ahí, que sientas que tienes la energía potencial que existe en ese millón de dólares, y que sientas la presencia de tu pasión. Por sí solo, sólo es dinero. Es sólo papel. Con tu pasión, cobrará vida.

Ánclate ahí. Mantén esa sensación. Mantén el sabor, el olor, el tacto. Siéntela con todo tu ser. Deja que sea tu guía, pues no sólo eres un millonario. Eres un millonario concienciado y tu impacto se sentirá en los años venideros.

Capítulo 21

Medalla de oro de obstáculos

El dinero sólo es una herramienta. Te llevará donde desees, pero no te suplirá como el conductor.

AYN RAND

Tu mayor obstáculo oculta tu mayor oportunidad

Ánclate en el poder del dinero y progresarás. Pero el mayor obstáculo para una relación fortalecida con el dinero está en tu cabeza. No es la idea de que el dinero es malo o corrupto lo que ejerce más poder sobre ti. Es el poder subconsciente del victimismo.

Durante años, te has sentido víctima del dinero. Si no tienes suficiente dinero, eres una víctima de tu trabajo, de tus facturas o de la economía en general. Es culpa del dinero. Es culpa del gobierno. Es culpa del sistema. Es culpa del banco, o del cobrador, o de tu cónyuge.

Te has dejado atrapar como una víctima impotente durante años. No por elección, sino por el ejemplo de los demás, por el poder que le hemos concedido al dinero sobre nosotros, y por la idea de que el dinero tiene las llaves de nuestra libertad personal.

Pero no eres la víctima; ahora lo sabes. No eres víctima del dinero ni del gobierno. No eres víctima de tus facturas, de tus deudas, ni de los caprichos de tu cónyuge.

Éste es un avance. Pero simplemente reconocerlo no es suficiente. Puedes comenzar a transformar tu comprensión consciente de este falso victimismo, pero eso no te va a llevar donde debes ir.

¿Por qué?

Porque tu mentalidad de víctima se extiende más allá de tu relación con el dinero. De hecho, la mentalidad de víctima es tan feroz en su empeño que muchas personas lamentablemente mueren con la sensación de que han sido las víctimas de principio a fin.

¿Culpas a otros por tus problemas en la vida? Victimismo.

¿Alguna vez te quejas de la situación en la que te encuentras? Victimismo.

¿Alguna vez te quejas de tus amigos, tu familia, tus vecinos o incluso de desconocidos? Victimismo.

Para rediseñar nuestra relación con el dinero, debemos renunciar a nuestra mentalidad de víctima. Si bien no es tan simple como dejarla de lado, es más fácil de lo que parece. De hecho, la solución pasa por una transformación fundamental que llevas a cabo como millonario concienciado: asumes la responsabilidad. Reemplazas el victimismo con la aceptación de tu propio poder.

Tú eres el único responsable de tu vida. Nunca lo olvides. No hay ni una sola situación en la que puedas justificar haber sido una víctima. Ni una, porque tú tienes el control.

Sí, la vida sucede. Los acontecimientos suceden, las enfermedades suceden, las sorpresas suceden, la tristeza sucede, los desafíos suceden, y estos eventos que no dependen de nosotros no siempre están bajo nuestro control. Pero la forma en que elegimos responder a ellos sí lo está.

Tú controlas tu actitud con respecto a lo que la vida te ofrece. Tú controlas la relación que tienes con sus luchas. Tú controlas lo que haces a continuación. Tú controlas cómo sigues hacia adelante y cómo respondes. Eso es la responsabilidad, y hay poder en la toma de responsabilidad.

No consideres la responsabilidad como una carga. Considérala una gran oportunidad, pues el control es una cualidad por la que pocas personas luchan. Para muchos, la idea de tener la responsabilidad de todas las acciones que se toman, y de todas las reacciones que se tienen, puede ser desalentadora. Puede ser aterrador; puede que nos haga querer escondernos.

Pero tú, como el millonario concienciado, nunca te escondes. No deseas esconderte, porque en la responsabilidad radica tu fuerza, y esa fuerza es dichosa. En el momento en que te mantienes firme y defiendes tu responsabilidad, eres libre.

Tu mente subconsciente, donde el victimismo se ha criado y ha prosperado, luchará. Pero sus garras son débiles y se retraen cuando tomas de nuevo el control. No son rival para el entusiasmo de la responsabilidad.

No eres perfecto... puede que te sorprendas a ti mismo empezando a quejarte. Puede que te sorprendas empezando a culpar a los demás. Puede que te sorprendas dando por hecho que no tienes poder sobre lo que va a suceder. Pero te sorprenderás a ti mismo. Una vez que has visto la luz, no puedes dejar de verla. La responsabilidad te da poder. Tendrás más poder del que nunca has percibido.

¿Esto te motiva? Bien. Utilízalo. ¿Te intimida? No hay problema. Haz frente a tu miedo y siéntate con tu poder consciente. Siéntate con tu poder. Reconócelo. Siéntelo fluir dentro de ti. Comenzarás a sentirte bien. Comenzarás a aceptarlo. Te sentirás como si hubieras llegado a casa.

Bienvenido a casa.

La mayoría de las personas son ajenas a la cantidad de poder que tienen sobre sus propias vidas, pero tú ahora eres consciente.

Has encontrado la libertad en tu responsabilidad. Asume la responsabilidad. Ahoga tu victimismo en tu propio poder. Observa cómo las quejas, excusas o culpas se desmoronan hacia adentro.

Siente la emoción de una vida libre de victimismo. Siente la emoción de una vida en la que tienes el control de lo que vas a hacer. Siente el amor del torbellino de libertad dentro de ti. Siente gratitud por lo que ahora puedes traer a la vida.

Ahora recoge esos sentimientos y forma con ellos un remolino de energía. Deja que resuenen con tu propio ser y se conviertan en la encarnación de la emoción, la fuerza, el amor y la gratitud. Toma estas emociones y viértelas en ese poder de la responsabilidad y el control sobre tu propia vida.

Tu poder está ahora anclado en esa emoción. Tu poder está ahora anclado en esa fuerza. Tu poder está ahora anclado en ese amor. Tu poder está ahora anclado en esa gratitud. Cuando añades el poder ardiente de la emoción a una idea, una intención o una pasión, tiende a convertirse en una realidad.

Ancla tu nueva conciencia del poder a estas emociones que ya te hacen sentir tan bien y tu poder permanecerá contigo.

Ánclate a ti mismo en la emoción. Ánclate en la fuerza. Ánclate en el amor. Ánclate en el agradecimiento, y tu poder cobrará a la vida.

Tanto si sientes que es un milagro, magia o una acción divina, la realidad es mucho más simple: has despertado.

Capítulo 22

Vacíate completamente

El dinero nunca pone en marcha una idea. Es siempre la idea la que pone en marcha el dinero.

OWEN LAUGHLIN

Vacíate como un maestro, llénate de poder

Los maestros de *taichí* son personas impresionantes con muchas lecciones para compartir. El *taichí,* a menudo conocido como un arte marcial interno, es un arte taoísta enraizado en la creación de energía, fortaleza y poder.

La práctica diaria de los maestros de *taichí* no consiste en un combate o entrenamiento violento. Su práctica diaria es un baile lento mientras llenan cada movimiento con ese poder interno.

Se vacían para poder llenarse de poder.

Hay vídeos de maestros de este arte marcial interno en los que lanzan a personas al otro lado de la habitación con un ligero empujón. Esto se debe a que han almacenado tanta energía potencial dentro de cada fibra de su ser, que una ligera apertura de la espita produce un aguacero de poder.

Sin embargo, aunque es estimulante, ésa no es la cuestión.

No luchan con poder. Luchan con el vacío. Ni siquiera se puede llamar luchar. Simplemente están respondiendo y adaptándose, combatiendo cualquier fuerza que venga hacia ellos con exactamente lo contrario: vacío.

Son la encarnación viviente del antiguo yin-yang, que simplemente interpreta la danza entre extremos opuestos. Luz y oscuridad, enroscadas entre sí sin líneas abruptas.

En la oscuridad, hay luz. En la luz, hay oscuridad. Son lo mismo, sin embargo, son opuestas.

Cuando un atacante se dirige hacia el maestro de *taichí* con fuerza, el maestro lo esquiva y lo recibe con exactamente lo contrario: vacío.

Esa fuerza atacante simplemente es derribada por su propio impulso redirigido. Este maestro, lleno de tanto poder y fuerza, no tiene necesidad de usarla.

Tú, como millonario concienciado, puedes adaptar esta forma antigua de arte a tus propios desafíos diarios y los desafíos que acechan en tu propia mente.

Has pasado toda tu vida perfeccionando pensamientos subconscientes enterrados muy dentro de ti. El victimismo es sólo una expresión de ellos. A medida que avanza tu día, suelen permanecer fuera de tu punto de vista consciente; pero si te fijas, los verás.

Se encuentran en tus hábitos, en tus perspectivas, tus patrones y juicios, tus instintos, tus respuestas emocionales. Aunque el victimismo fuera un animal grande que ocupaba gran parte de tu subconsciente, no era el único animal con el que lidiabas: dudas, miedos, autosabotaje...

Tus dudas son la expresión de tus creencias limitantes. Tus temores son la expresión de tus bloqueos mentales. Tu autosabotaje es la expresión de tus contraintenciones.

No van a desaparecer simplemente porque así lo desees, pero no tienen poder sobre ti si sigues las lecciones del maestro de *taichí:*

Cuando sientes que aparece el victimismo, no luchas; te vacías.

Cuando sientes que aparecen las dudas sobre ti mismo, no luchas; te vacías.

Cuando sientes que aparece el miedo, no luchas; te vacías.

Cuando sientes que aparece el autosabotaje, no luchas; te vacías.

A medida que reconstruyas tu relación con el dinero, tus creencias limitantes asomarán, tus bloqueos mentales te empujarán y tus contraintenciones te harán perder el equilibrio. Tan pronto como renuncies a ser víctima para el empoderamiento debes estar listo, porque tu mente subconsciente se rebelará.

Pero, al igual que el maestro de *taichí,* no luchas, no devuelves el empujón, ni el golpe. Simplemente te vacías. Te vacías como lo hace el maestro de *taichí* cuando se enfrenta a un ataque:

Igualas la duda con la comprensión. Igualas el miedo con la compasión. Igualas el sabotaje con el fortalecimiento. Haces oídos sordos ante la duda. Dejas que el miedo se desintegre en el amor. Deja que el sabotaje se acobarde en presencia de tu poder, pero nunca por la fuerza.

No respondes luchando, empujando, ni devolviendo el golpe. Te vacías y te mantienes en movimiento, y a medida que adquieras más poder, tus demonios subconscientes perderán energía. Y tú avanzarás.

Capítulo 23

Los tres

¡Oh, oro! Todavía te prefiero al papel, que hace del crédito bancario un bajel de vapor.

LORD BYRON

La luz de tres

¿Dónde canalizas ese poder? Estás libre de victimismo y fortaleciéndote, ¿ahora qué?

Al igual que el maestro de *taichí,* la energía interna se almacena como energía potencial. El millonario concienciado entiende que esta energía se guarda hasta los momentos en que más se necesita. Tu poder es combustible, preparado y listo para conducir las tres fuerzas potentes que respaldan tu viaje de millonario concienciado: pasión, propósito y misión.

El amor o deseo profundo por algo: la pasión.

Un simple objetivo que es tu razón de ser: el propósito.

Tu llamada o vocación es la combinación de la pasión y el propósito: la misión.

¿Dónde reside tu pasión? Se encuentra donde está tu corazón. Se encuentra donde amas lo que estás haciendo. Se encuentra donde te gusta lo que estás estudiando. Se encuentra donde te gusta lo que estás pensando. Se encuentra donde te gusta lo que estás diciendo. Es lo que te hace feliz. Es lo que harías si tuviera todo el tiempo, el dinero y la libertad del mundo.

Existe pasión detrás del millonario concienciado. Cada acción que realizas es apasionada. Cada intención que estableces es apasionada. Cada sueño que inventas es apasionado.

No importa si se trata de coches, cocina, electrónica, cerámica, golf, curación, viajes, gatos, perros, lagartos, flamencos rosados, cuidar el césped, castillos, jardinería o aviones; pues en el interior de toda pasión existe un camino para que el millonario concienciado lo recorra.

¿Cómo encontrar ese camino? Dejas que el camino te encuentre. Te abres, te vacías y escuchas a tu intuición. Te sientas en silencio y sientes dónde vagan tu mente, tu corazón y tu alma. Vas hacia donde siempre acabas volviendo.

Allí donde encuentras pura alegría, encuentras la pasión. Donde encuentras emoción, encuentras la pasión. Donde encuentras entusiasmo, encuentras la pasión.

No existe una misión sin pasión. No existe un millonario concienciado sin pasión. Es el trabajo de tu alma, la expresión de tu espiritualidad, y la encarnación de tu verdadero propósito. Tu propósito se encuentra donde te lleva tu pasión.

A medida que explores tus pasiones, descubres lagunas curiosas. Encuentras lugares en los que falta algo en la expresión de tu pasión. Encuentras un hueco en el mercado. Un aspecto de tu pasión sin explorar…, un libro esperando a ser escrito. Una falta de comunidad alrededor de tu pasión…, un sitio web. Una necesidad o un deseo para otras personas que sienten pasión…, un negocio.

Tu pasión está ahí para llenar el vacío.

O encuentras un defecto en la expresión de tu pasión. Observas que falta información, la educación es deficiente, el acceso es difícil y las necesidades no están cubiertas. Estás allí con tu pasión para corregir esos defectos.

O te encuentras estancado. Tu pasión carece de innovación en el mundo. A tu pasión le falta entusiasmo o promoción. Tu pasión carece de acción. Estás allí con tu pasión para darle una nueva y larga vida.

Tu propósito se define con estas oportunidades. Todo lo que tienes que hacer es preguntar: ¿Y si…? ¿Y si hay una manera mejor? ¿Y si más personas supieran esto? ¿Y si hay un acceso más fácil? ¿Y si falta una solución?

Estas preguntas forman un objetivo que debes seguir, un propósito en el que coloques tu pasión. Sigue estas preguntas y tendrás tus asuntos, tendrás tu causa…, tendrás tu misión.

Combina tu pasión con el propósito que emerge, y ya puedes salir para causar tu impacto.

Tu negocio está basado en una misión. Tus esfuerzos están basados en una misión. Tus regalos para el mundo están basados en una misión.

Canaliza tu pasión, encuentra tu propósito y construye tu misión.

Has llegado equipado como lo están todos los millonarios concienciados…: con tu pasión, tu propósito y tu misión.

Ésta es el alma del millonario concienciado. Ésta es tu alma que cobra vida.

Ahora combínala con dinero…

Capítulo 24

El alma del dinero

Ellos consideran que estoy loco porque no vendo mis días por oro; yo considero que ellos están locos porque piensan que mis días tienen precio.

KAHLIL GIBRAN

El alma en el dinero

Una cosa es estar libre de la guerra legendaria del dinero, libre del victimismo, y vivir con una relación sana con el dinero; es totalmente diferente poner tu alma en el dinero que ganas para darle su propio propósito y misión.

Por eso los millonarios concienciados ganan dinero. Por eso abrimos empresas, construimos organizaciones, servimos a clientes y ganamos dinero: porque la pasión, el propósito y la misión dan significado y sentido al dinero.

Por eso pones tu tiempo, esfuerzo y compromiso para hacer crecer tu negocio. Por eso el espíritu empresarial está en la raíz de la trayectoria del millonario concienciado. Naturalmente que puedes ganar dinero con un buen trabajo y pocos gastos..., pero tu pasión y tu propósito están apagados porque inviertes tu tiempo y tu energía en las misiones de otras personas.

Tú no eres así. Tú construyes un negocio porque tu misión lo exige.

Sí, el millonario concienciado puede vivir con comodidad, lujo y ventajas. Cuidarte no te convierte en una persona menos poderosa, apasionada y motivada por la misión.

Pero no te lo gastas todo en ti mismo. No lo escondes para que no vea la luz. Le das el poder de tu emocionante misión... y luego lo pones a trabajar sobre el terreno para enaltecer tu misión y causar tu impacto.

Así es como se ve en la vida real:

Existe un nuevo movimiento que surge del ecosistema empresarial: la empresa social. La compañía, fundada basándose en una misión, se alimenta del deseo de marcar la diferencia y obtener un beneficio al mismo tiempo. La motivación es el deseo de resolver un problema social.

La empresa social no es una organización no lucrativa. Se debe utilizar la infraestructura de los negocios con fines de lucro para levantar y superar los desafíos sociales en los que se cree. Por ejemplo, tú vendes un producto o servicio y parte de tus beneficios van directamente destinados a solucionar un problema social.

Tienes un negocio en el que puedes contratar a personas que necesitan trabajo, ya sean madres solteras, personas discapacitadas, veteranos de guerra o personas encarceladas anteriormente que tratan de reintegrarse en la sociedad.

Tienes una empresa que une a una organización sin ánimo de lucro con otras empresas con fines lucrativos. Construyes relaciones en las que todos salen ganando que no habrían construido por su cuenta.

O tienes un negocio que no te pertenece sólo a ti, sino a otros que también benefician: a tus clientes, tus empleados o las personas a las que sirves. No existen límites para lo que puedes crear.

Sea cual sea tu pasión, hay una manera de convertirla en ganancias.

Sea cual sea tu propósito, hay una manera de apoyarlo en un negocio.

Sea cual sea tu misión, hay una manera de transformar tu dinero en un impacto inspirador.

No te limites a revolucionar tu relación con el dinero; revoluciona tus ideas de cómo el dinero puede potenciar el trabajo de tu alma. Éste es el camino del millonario concienciado emprendedor.

Capítulo 25

Invierte en ti

Si el dinero es tu esperanza de independencia, nunca lo conseguirás. La única seguridad que un hombre puede tener en este mundo es una reserva de conocimiento, experiencia y habilidad.

HENRY FORD

Invertir

No existe tal cosa como la perfección. No existe tal cosa como el millonario concienciado totalmente actualizado.

Siempre vas a crecer. Siempre vas a seguir creciendo, y si alguna vez dejas de hacerlo, es que te has salido de la senda y debes volver de nuevo. Del mismo modo que tienes que respirar para vivir, debes crecer para prosperar.

El crecimiento en el millonario concienciado pone de relieve una visión profunda que percibes: el mundo siempre está cambiando. No existe el estancamiento en el mundo real. No hay nada que se mantenga de la misma forma para siempre. Todo lo que nos rodea se perturba y se revitaliza. El cambio es la única constante.

Debes cambiar siempre con el mundo que te rodea. Tu misión debe adaptarse a las nuevas realidades sobre el terreno. Y tú, como persona, debes crecer constantemente para adaptarte a las cambiantes exigencias a las que te enfrentas.

Oímos hablar de personas a las que no les gusta el cambio. Tú no eres así. El millonario concienciado no es así. Tú aceptas el cambio, vives para el crecimiento. El crecimiento es una emoción y el cambio es un reto. Es tu alma que se extiende, siempre.

Pero no se trata simplemente de necesidad; se trata de amor. Construye tu amor por el crecimiento y experimentarás la plenitud como nunca la has conocido. Pues cuando te comprometes a evolucionar, ves la diferencia que hay en ti entre hoy y ayer, hace una semana, hace un mes atrás, hace un año…, hace diez años. Ser testigo de esos momentos de la evolución sólo te fortalece más. Estás encerrado en el ímpetu constante de la evolución y las transformaciones que experimentes serán visibles al instante, ahora y durante mucho tiempo en el futuro.

Es a través del crecimiento como nuestra fórmula se llena de vida. Sin crecimiento, la fusión del alma y el dinero no sirve de nada. No existe una evolución mutua. Sin embargo, con el espíritu de crecimiento, la fórmula respira profundamente y se expande.

Alma + dinero = Mejor Alma + Más dinero… cuando hay crecimiento para alimentarla. Tú estás en el centro de todo ello, tu crecimiento dicta dónde puedes ir. Sin ti, no existe la pasión, no existe el propósito, y no existe ninguna misión. Sin ti, no existe tu misión. Tú proporcionas combustible a la misión que cobra vida, y como todo combustible, se debe repostar. Por eso te comprometes al crecimiento, para alimentar tu alma a la vez que tu alma alimenta tu misión.

Así que buscas nuevas experiencias, ya que eso es el crecimiento. Te inscribes en cursos y asistes a clases, ya que eso es el crecimiento. Buscas un mentor, ya que eso es un crecimiento más rápido. Descansas para poder seguir creciendo al día siguiente. Meditas para reponer tu energía, para poder crecer de manera integral. Te diviertes… porque ésa es la única manera de que esto vaya durar.

Entonces, pregúntate: ¿cómo puedes mejorar? Si no lo sabes, averígualo. ¿Cómo puedes reinventarte? Si no lo sabes, experimenta. ¿Cómo puedes descubrir lo que es posible? Si no los sabes, prueba algo nuevo.

Estás aquí porque deseas causar un impacto. Deseas hacer el bien en el mundo. Deseas cambiar el mundo, sanar el mundo, enaltecer el mundo y hacer que evolucione.

Tú puedes.

Pero ¿en qué medida depende de lo que seas capaz de crecer y lo que seas capaz de llegar a ser? Depende de si te comprometes a un descubrimiento continuo. Dedícate a una vida de constante crecimiento. Comprométete a una evolución persistente, no porque debas hacerlo, sino porque es emocionante..., y a los millonarios concienciados les encantan las emociones.

En tu vida personal, en tu negocio, en casa, en tus relaciones, con tu familia... siempre debes luchar por mejorar, reinventar y descubrir.

El estilo de vida de crecimiento constante... es el estilo de vida del millonario concienciado.

Capítulo 26

Tu guía interior

El mejor modo para que una persona tenga pensamientos alegres es contar sus bendiciones y no su dinero.

ANÓNIMO

Tu guía

Dinero. Alma. Poder. Pasión. Propósito. Negocio. Mejora. Reinvención. Descubrimiento. Para muchos, sólo una de estas palabras es suficiente para sentirse abrumado, pero no para ti, el millonario concienciado.

¿Por qué?

Porque tienes tu arma secreta. Ante la racionalidad, ante el pensamiento crítico, ante la planificación y la confabulación, ante el acto de malabarismo, yace la sencilla solución que te da el poder para manejar todas estas fuerzas: tu intuición.

Tu intuición es tu guía, tu brújula y tu tomador de decisiones. Es convicción en acción y no requiere ninguna habilidad especial. Simplemente necesita que escuches y actúes.

Tu intuición te está hablando, ahora mismo, en este momento. ¿La oyes? A medida que ves la cima que te estás esforzando por alcanzar, a medida que ves los frutos de tu pasión y a medida que imaginas el impacto que tu misión va provocar, tu intuición ya está trabajando para encontrar el mejor camino a seguir.

Por eso no necesitas mapas ni planos. Hay veces en que hay que anotar y exteriorizar tus opciones, pero sólo para capacitar a tu intuición para que te guíe. En función de tu intuición, puedes encontrar dinero, puedes alimentar tu alma, puedes ejercer el poder, puedes forjar tu pasión, puedes descubrir tu propósito, puedes descubrir tu misión, puedes llevar a cabo tu negocio, la mejoría puede ser natural, la reinvención puede ser espontánea y el descubrimiento puede ser automático.

Tu intuición es tu guía, así que permite que sea tu guía. Nunca caigas en la idea de que existe una manera correcta. No existe alma, ni espíritu, ni aventura en la manera correcta. Y no necesitas que exista una manera correcta. Tu intuición se ha encargado de ello.

Todo lo que debes hacer es aceptar todo lo que hay delante de ti y escuchar qué hacer a continuación; después actúa. Da un paso hacia adelante, tu intuición conoce el siguiente paso. Si llegas a un cruce de caminos, tu intuición te indicará el camino. Frente a un desafío, tu intuición te guiará con seguridad.

No tienes que buscar tu intuición. No tienes que intentar activar tu intuición. Sólo tienes que salirte del camino. Escucha lo que tu intuición ya te está diciendo. Mira lo que hay delante de ti, y el siguiente paso surgirá. Tu intuición te está guiando.

Siéntate en silencio y permite que tu mente divague; encontrarás la brillante idea. Tu intuición te está apoyando. Abraza tu pasión mientras miras hacia el mundo, y tu misión se definirá. Tu intuición te está inspirando.

Si sientes que no puedes comunicarte con tu intuición, no es porque no esté allí. Tu intuición está viva y bien y activa. Todo lo que debes hacer es callarte, aquietarte y escuchar.

Tómate tiempo para descansar, para tumbarte y pensar, para enriquecerte, para meditar y para dejar deambular a tu mente. Tu intuición surgirá.

No estás cerrando tu mente lógica a cal y canto. No estás deteniendo el proceso de consideración y análisis. No estás bloqueando tu pensamiento crítico. Hay momentos importantes para la lógica, la consideración, el análisis y el pensamiento crítico; pero estás dejando que tu intuición tome la decisión final. Tu intuición está teniendo en cuenta todas las fibras de tu mente, tu alma, tus pensamientos, tus emociones, tus pasiones y tus esfuerzos. Tu intuición está ahí con la respuesta. Escúchala, y cuando oigas la respuesta, actúa.

Actúa con la convicción del maestro improvisador. La improvisación es siempre la expresión de la decisión de tu intuición. La improvisación es el movimiento de tu intuición. La improvisación es más que inventarse algo en el acto. La improvisación está articulando lo que tu intuición ha decidido.

Ya conoces este espíritu de improvisación. Cuando tienes una conversación, estás improvisando. Cuando estás explorando una nueva zona de la ciudad, giras a la izquierda o a la derecha en función de tus instintos de improvisación. Cuanto más aceptes este trance que se encuentra en la improvisación constante, más te moverás y con mayor rapidez.

Sigue tu intuición. Sigue esta expresión pura de la intención de tu alma. Sigue la articulación de la astucia de tu mente. Déjate llevar y limítate a seguirla. Tu intuición te dará tu decisión, y tu improvisación colocará un pie delante del otro.

Existe una confianza especial que surge cuando sigues tu intuición, y surge cuando ves los resultados de tus acciones. Cuando ves que tu intuición te ha guiado bien, irradias una nueva convicción que sólo permite a tu intuición cantar más fuerte.

¿Qué pasa si te vacías, te quedas en silencio y escuchas... pero no oyes la voz de tu intuición?

Entonces simplemente da un paso, cualquier paso, un pie delante del otro, sin pensar hacia dónde vas, ni cómo. En ese momento, tu intuición entrará en funcionamiento, no sólo porque la necesitas, sino porque no tiene un sentido restrictivo. No tienes ni idea del siguiente paso, porque no sabes hacia dónde vas. Acéptalo y tu intuición estará ahí.

Pero no encuentras simplemente la dirección dentro de tu intuición. Encuentras un valor que nunca has conocido: ahora puedes asumir cualquier reto. Ahora puedes hacer lo que nadie va a hacer jamás. Ahora puedes hacer lo que otros podrían considerar una locura o algo peligroso.

Encontrarás ese valor porque tienes la convicción de saber que tu intuición te va a guiar.

No hay reto al que tu intuición no pueda hacer frente. Esto no significa que todos los desafíos serán fáciles, ni que vayas a salir ileso; pero sí quiere decir que si existe un camino, lo encontrarás; y casi siempre existe un camino.

Actúa con audacia. Actúa con valentía. Actúa rápido. Actúa con intensidad. Actúa con intención. Actúa sin dudar. Corre riesgos. Haz lo que nadie va a hacer jamás.

Y sigue tu intuición, el arma secreta del millonario concienciado, para encontrar las respuestas que buscas.

Capítulo 27

Por dónde empezar

Tenemos que hacer que ganar dinero sea un juego. Podemos hacer mucho bien con el dinero. Sin él, estamos atados y encadenados, y nuestras opciones son limitadas.

BOB PROCTOR

Comienza en el movimiento

Hemos llegado al último capítulo de este viaje, sin embargo, la aventura no ha comenzado.

Quiero confiarte una misión única. Una misión que sólo puede salir bien en manos de un millonario concienciado. Una misión que es a la vez un peso estimulante y una inmensa alegría. Es una misión de urgencia.

Te dejo con la misión de construir un movimiento conmigo. Un movimiento que es más grande que tú y más grande que yo, un movimiento desesperadamente necesario en un mundo que ansía un cambio.

Como la mayoría de las personas, abriste este libro con un pensamiento, y ese pensamiento fue el factor decisivo para que siguieras leyendo o dejaras de hacerlo: «¿Qué gano yo con esto?».

No hay nada malo en ese pensamiento. Como hemos visto, puedes ganar mucho. Hay una relación transformada con el dinero esperándote. Hay un poder espiritual unido a la prosperidad financiera esperándote. Hay fortaleza y evolución esperándote. Hay una transformación de la pasión en ganancias. Hay una activación de tu intuición como tu fuerza guía definitiva. Hay un despertar esperándote.

Estas cosas, en sí mismas, son riquezas y recompensas que te pueden llevar tan lejos como se lo permitas, pero, mientras viajabas conmigo hasta este punto, he revelado niveles de sufrimiento y desafíos en tu propia vida que quizás te hayan sorprendido y que, como un alma evolucionada, no puedes ignorar.

Has descubierto la batalla esquizofrénica que tiene lugar en tu propia cabeza. Has descubierto la relación podrida que has mantenido con el dinero. Has descubierto el inmenso daño que el victimismo ha causado en tu vida. Has descubierto las creencias heredadas de tu familia, amigos y la sociedad que te están reteniendo. Has descubierto la ruptura entre tu propósito inspirador y tu supervivencia práctica.

Este mundo que he pintado para ti está enfermo de carencias, victimismo y sufrimiento a manos de enemigos imaginarios, como el malvado dinero, que siembran el caos con consecuencias reales.

Abriste este libro con el deseo de transformar tu pasión en ganancias. Abriste este libro deseando experimentar la riqueza de un millonario. Abriste este libro deseando despertar y evolucionar. Abriste este libro deseando entender la riqueza espiritual, y yo he plantado las semillas en tu interior para llevarte hasta allí, y más allá.

Pero hay una última semilla que quiero plantar: la semilla del movimiento del millonario concienciado.

En este movimiento, ya no preguntamos: «¿Qué gano yo con esto?». En este movimiento preguntamos: «¿Qué ganamos nosotros con esto?».

Tómate este momento para dar un paso atrás y mirarte a ti mismo donde te encuentras ahora. Te he dado las claves para el poder del millonario concienciado. Si tomas ese poder, lo aprecias, lo nutres y te dejas llevar por él, toda la pasión, la prosperidad y las ganancias que puedas acumular pueden ser para ti.

La verdad es que yo no lo he hecho por ti. No te he dado este camino para tu único beneficio, lo he hecho por nosotros. Como has aprendido al desprenderte del victimismo, asumir la responsabilidad es la fortaleza que te despierta. Esta gran responsabilidad conlleva un gran poder, pero ese gran poder también conlleva una gran responsabilidad.

Ahora tienes el poder del impacto. Posees el poder de la transformación. Puedes querer el poder de la evolución. Ejerces el poder de la trascendencia. Tú encarnas el poder del despertar.

Aunque quiero que utilices ese poder para enaltecer tu propia vida, para experimentar tu propia riqueza y abundancia espiritual, no te lo he dado para que te lo quedes tú. Te lo he dado para que lo propagues a otras personas. Te lo he dado para que puedas ayudar a curar un mundo que está enfermo de victimismo, que tiene una relación tóxica con el dinero y una desconexión entre la naturaleza espiritual de nuestras vidas y la vida cotidiana. Te lo he dado para que puedas convertirte en un agente de cambio.

Mira el mundo que te rodea. Usa tu imaginación para aceptar las realidades de los miles de vidas que te rodean en este momento. Hay una necesidad enorme de alguien con tus poderes, los poderes del millonario concienciado. Tu impacto puede engrandecernos a todos nosotros. Ésa es la vocación del millonario concienciado.

¿Por qué solemos avanzar por nuestra vida haciendo la vista gorda a nuestro propio sufrimiento y el sufrimiento de los demás? ¿Por qué has vivido tanto tiempo perseguido por el malvado espectro del dinero? ¿Por qué te has quedado atrapado en el victimismo subconsciente sin luchar?

Hacemos la vista gorda porque nos sentimos impotentes. Sentimos que no tenemos el control. Sentimos que nada de lo que podamos hacer podría cambiar la realidad. ¿Te sientes así ahora?

Si es así, no he cumplido mi misión, porque deberías sentir una nueva sensación de poder, una impresionante comprensión del propósito y la misión del alma, y una relación transformada con el dinero; antes un enemigo, ahora un aliado.

Y más que nada, deberías tener un nuevo par de ojos, a plena luz, ver la realidad frente a ti y no sólo las sombras que bailan en las paredes.

Permíteme ir más lejos. Imagina por un momento que tuvieras la capacidad mágica de ver, experimentar y sumergirte en la vida de todas las personas de tu pequeño pueblo o gran ciudad. Imagina cómo te mueves a través de su vida cotidiana. Imagina ser testigo de las peleas sobre el dinero, del estrés en sus rostros y la abrumadora sensación de estar atrapado. Imagina cómo sus vidas están atrapadas en la experiencia del victimismo, que se propaga con cada uno de sus pasos. Observa esta lucha por el dinero, el estrés de la vida, el victimismo y el conflicto enjaulado como un aura energética que los rodea. Está con ellos dondequiera que vayan.

Imagina que esta aura deja una gruesa película dondequiera que vayan. Todo el mundo está pintando todos los lugares a donde van con ese victimismo, ese estrés, esa lucha y ese silencioso conflicto con el dinero.

Esta pequeña aventura imaginaria que acabas de vivir es sorprendentemente cercana a la realidad, y tú fuiste una de esas personas. El problema es que pensamos en nuestras vidas como si estuviéramos en nuestras propias burbujas autónomas. Lo que sentimos, pensamos, vemos y hacemos es nuestro. Nos afecta a nosotros. Sí, también afecta a nuestros amigos, familiares y seres queridos. Pero su impacto se concentra en nosotros.

Ésta es una ilusión. Es una forma miope y centrada en uno mismo de vernos. Ni siquiera se acerca a la realidad. Somos seres tan poderosos por naturaleza que en realidad estamos difundiendo todo lo que sentimos, pensamos y vemos allá donde vamos. Hemos estado extendiendo nuestro victimismo. Hemos estado extendiendo nuestra lucha. Hemos estado extendiendo nuestras tensiones cotidianas. No es nuestra intención, pero lo hacemos.

El mal al que plantamos cara no es el dinero; ahora lo sabes. El verdadero mal al que nos enfrentamos es el sufrimiento generalizado con el que hemos manchado todo nuestro entorno.

Hay esperanza. Tú eres la esperanza. Nosotros, como Millonarios concienciados, somos la esperanza.

Quiero que cumplas con tu función como esa esperanza… y yo quiero pintar un último cuadro.

Quiero que imagines que te has convertido en el millonario concienciado. Quiero que te imagines que has renacido con el poder de la pasión, el propósito y la misión. Quiero que te imagines que irradias esa energía desde cada fibra de tu ser. Quiero que te imagines que ese poder es más contagioso que cualquier sufrimiento que hayas tenido jamás.

¿Qué pasaría si caminaras a través de tu vida, a través de tu comunidad y el mundo que te rodea, difundiendo ese poder del millonario concienciado?

¿Qué transformaciones experimentaríamos todos? Si comenzaras a ganar dinero concienciado con tu alma y tu misión, ¿qué impacto podrías tener realmente? ¿Cuántas vidas podrías transformar?

Pero es algo más profundo que eso.

¿A cuánta gente podrías ayudar a despertar? ¿A cuántas personas podrías mostrar la verdadera naturaleza de la fortaleza y la responsabilidad? ¿A cuántas personas podrías animar a que te acompañen como Millonarios concienciados… no mediante la predicación o el proselitismo, sino sencillamente por el impacto de tus acciones? ¿En qué tipo de fuerza positiva eres capaz de convertirte?

Yo digo que puedes convertirte en una fuerza de magnitud incalculable, y ahora que has saboreado mínimamente este poder, digo que tienes la responsabilidad de compartirlo, transformar y difundir la prosperidad con él. Ésa es la vocación del millonario concienciado. Ésa es la mayor misión que coexiste con tu propia misión personal. Ése es el movimiento que está creciendo y por el que abogo hoy aquí.

Quiero que seas rico. Quiero que tengas todo el dinero que puedas desear. Quiero que ganes ese dinero con el poder de tu pasión y tu alma. Quiero que experimentes cualquier aventura o lujo que escojas. Quiero que disfrutes, de principio a fin, la libertad que esta prosperidad te puede ofrecer.

Pero quiero que preguntes: «¿Qué ganamos nosotros con esto?».

Quiero que te conviertas en un líder que se dedique a la erradicación de este mal del sufrimiento. Quiero que vivas según el «credo del millonario concienciado» para que puedas causar el impacto que sólo un millonario concienciado puede causar.

Quiero que te unas a mí, no sólo en la prosperidad inspiradora, sino en un profundo impacto. Amigo, estoy aquí esperándote. ¿Me acompañas? Te toca actuar a ti.

Epílogo

Vas caminando por un bosque de altos árboles de hoja perenne. Las ortigas crujen suavemente bajo tus pies. Oyes crujidos fantasmagóricos detrás de ti, como un trueno o un disparo, una oleada frenética de notas de una ópera trágica.

Estás en paz.

Hace un instante, te atormentaba la culpa de la deserción y forcejeabas con el temor del enemigo. Sin embargo, parece algo lejano. No sabes por qué. No necesitas saber por qué.

El lodo acumulado en tu cara se agrieta mientras esbozas una sonrisa tranquila. Parece que han pasado años desde la última vez que sonreíste. Sigues caminando.

Frotas tus manos callosas contra los árboles ondulados. Sientes que la niebla te pisa los talones. Hay cierta suavidad en tu caminar.

A lo lejos, una luz clara penetra a través del follaje del bosque. Ves un claro entre los árboles, y al llegar al límite del bosque, notas que la niebla se encoge mientras se aleja.

Delante de ti, un grupo de caras amables te saludan. Pero lo más llamativo es el olor de su ropa limpia. El olor de la ropa limpia, un olor olvidado por el veterano de guerra. Es embriagador.

El grupo se junta a tu alrededor. Te tienden la mano para saludarte; sus callos son apenas un indicio de lo que sin duda fueron una vez.

«Bienvenido», dice uno.

«Bienvenido a casa», dice otro.

Una mujer da un paso adelante. «Te hemos estado esperando. Hay muchas cosas esperándote».

Y en ese momento, recibes un golpe de lucidez.

«Lo sé –dices. Haces una pausa durante un largo instante; sientes incredulidad por las palabras que estás a punto de pronunciar–: Hay algo que debo hacer primero».

Miras hacia abajo y suavemente frotas tu pulgar contra tus callos. Es agradable sentir el sol en el dorso de las manos. El olor de la ropa limpia es tan embriagador. Y duermes…

Respiras profundamente. Sonríes compasivamente de forma deliberada. Te das la vuelta y caminas de nuevo hacia la niebla, los crujidos fantasmagóricos te están esperando.

Los demás que lucharon a tu lado todavía están allí, disparando futilidad y balas contra una fila de árboles masacrados. No saben por qué están luchando, pero luchan duro y no dejan de hacerlo.

Son buenas personas. Debes llevarlas de vuelta a casa. La niebla te engulle con tu sonrisa deliberada.

Regresarás.

Sección extra

La oración del millonario concienciado

(Basado en *The Secret Prayer,* de Joe Vitale)

Gracias. Gracias por todo lo que veo y lo que no veo que me apoya. Gracias por mi vida, por mi ser, mi mente, mi alma y mi intención de hacer el bien en el mundo. Gracias por el lugar donde vivo, por mis ingresos, por mis ideas y por mi energía y disposición para tener éxito. Gracias por el planeta que sustenta la vida en mí y a mi alrededor. Gracias por mis parientes y antepasados que han contribuido en todo lo que hay de bueno en mí. Estoy agradecido más allá de las palabras. Siento esta gratitud en lo más profundo de mi ser, y doy gracias por todo lo que me ha formado.

Pido dinero y conciencia para poder contribuir con mi pasión en el mundo de manera obtenga beneficios a la vez que marco una diferencia. Pido que se me muestren las maneras de lograr mis nobles objetivos y pido la claridad y la voluntad para actuar sobre ellos. Pido salud y riqueza, no sólo para mí, mi familia y mis amigos, sino para la comunidad y el mundo. Pido que esto o algo mejor entre en mi vida ahora y poder transformarnos por el bienestar de todos.

Me comprometo a actuar sobre las ideas y las oportunidades que se me presenten, prestando atención a mi inspiración y a mi intuición, así como a mi intelecto, sabiendo que al cumplir con mi parte en el mundo ayudaré a crear los resultados que quiero ver para mí mismo y para los demás. Escucharé y actuaré, reflexionaré y procederé, sabiendo que cada paso en el camino es tanto el viaje como el destino.

Como millonario concienciado, defiendo los ideales que crean un mundo que funcione basándose en el amor, la paz y la pasión.

Que así sea. Así es. Gracias. Amén.

Los diez principios del manifiesto de la abundancia

En 1962, Ben Sweetland escribió: «El mundo está lleno de abundancia y oportunidades, pero demasiadas personas vienen a la fuente de la vida con un colador en lugar de un vagón cisterna [...], con una cucharilla en lugar de una pala. Esperan poco y como consecuencia obtienen poco».

¿Y tú? ¿Qué recipiente estás llenando en la fuente de la vida? Sea cual sea, espero que sea grande y digno de todo lo que eres, porque te lo mereces. Sin embargo, para muchas personas, este asunto del merecimiento es un punto de confusión. No entienden que es su *derecho de nacimiento* tener todo lo que les ofrece la vida.

Te lo mereces desde el día en que naciste.

Ante esto, ¿qué es lo que impide que las personas accedan a la abundancia que les pertenece por derecho?

Creo que la respuesta se encuentra en estos diez principios, que escribí por primera vez en mi blog antes del estreno de mi programa de audio *The Abundance Paradigm: Moving from the Law of Attraction to the Law of Creation.*

Son mis observaciones acerca de cómo se puede atraer la riqueza personal y planetaria, y cómo pasé de ser un indigente a convertirme en multimillonario.

Por supuesto, la abundancia es algo más que dinero, por lo que estas ideas son más amplias de lo que en un principio puedan parecer.

La abundancia consiste de vivir en un mundo de posibilidades, y actuar con rapidez ante las que te inspiran de un modo divino. Sólo hay una cosa que te puede detener: tu propia mente. Afortunadamente, puedes cambiar eso.

Con este pequeño informe extra, «El manifiesto de la abundancia», puedes expandir tu propia capacidad para recibir todas las cosas buenas de la vida, y tirar esa cucharilla.

De una vez por todas.

Introducción

Los diez principios de la abundancia

La abundancia no es algo que adquirimos. Es algo con lo que sintonizamos.

WAYNE DYER

Todo el mundo puede hacer uso de más abundancia en algunos aspectos de la vida, pero a menudo, reconocerlo en primer lugar es realmente el problema.

La vida es abundante, clara y sencilla.

Si no estás en ella, o no la sientes, es porque has bloqueado temporalmente tu conciencia de ella.

Eso es de lo que trata este libro, dar a conocer los modos en que bloqueamos la abundancia, y los modos en que podemos acceder a ella.

Hay diez principios, cada uno de ellos expuesto en su propio capítulo, junto con un ejercicio para ampliar el concepto de ese capítulo. Recomiendo leer todo el libro una vez, y luego volver y releerlo capítulo por capítulo. Haz de ese principio tu enfoque del día. Cuando hayas terminado, empieza de nuevo y continúa este proceso durante al menos treinta días.

Con el tiempo, la abundancia empapará todas las células de tu cuerpo, convirtiéndose en algo natural y normal para ti.

Descubrirás que la abundancia estaba ahí para ti todo el tiempo. Tu búsqueda ha terminado.

Principio 1

Verás la realidad alternativa

Cuando estás agradecido, el miedo desaparece y aparece la abundancia.

ANTHONY ROBBINS

En todo momento tienes una opción. Puedes ver las limitaciones ante ti, o puedes ver la abundancia ante ti.

La vida es una ilusión óptica. Lo que ves depende de tu forma de pensar.

Tu modo de pensar depende de tu programación. Debido a que la mayoría de nosotros estamos programados por los medios en busca de la negatividad, además de nuestra educación, nuestros padres y todo lo que nos rodea, la mayoría de nosotros vemos la realidad de la escasez.

Sin embargo, también existe una realidad de la abundancia.

En otras palabras, ¿ves a una anciana o a una joven en la famosa ilustración de finales de 1800? Depende de tu enfoque. Relaja la vista y podrás ver que las dos damas existen.

Lo mismo ocurre con la realidad.

Es hora de pasar de ver el mundo basado en la escasez y el miedo a ver el mundo basado en la abundancia y el amor, que también existe. Tienes una elección. Permite que tus ojos vean el nuevo mundo.

Ejercicio

Piensa en algo de tu pasado que te preocupaba en aquel momento, tal vez una relación que terminó, o un trabajo que dejaste; a continuación, hazte las siguientes preguntas: (ten en cuenta que puedes adaptarlas a una situación o a una persona si es más apropiado).

- ¿Cómo lo veías entonces y qué impresión tenías?
- ¿Qué es lo que te producía una sensación negativa?
- Ahora piensa en donde estás hoy. Cuando miras atrás, ¿qué regalo o beneficio positivo recibiste como resultado de aquello?
- ¿Qué propósito tenía o qué papel desempeñó en aquel momento?

- ¿Qué regalo o beneficio positivo estás disfrutando ahora debido a aquello, o a lo que has aprendido?

Ahora piensa en algo que te preocupe ahora mismo en tu vida y considera las mismas preguntas.

- ¿Cómo lo ves y qué impresión tienes?
- ¿Qué es lo que te produce una sensación negativa?
- ¿Qué regalo o beneficio positivo estás recibiendo como resultado de ello?
- ¿Qué propósito tiene o qué papel desempeña?
- Mirando hacia el futuro, ¿cómo podría beneficiarte?

Dicen que *a posteriori* todo se ve muy claro, ya que podemos ver la perfección de algo desde cierta distancia. Pero no tenemos que esperar a ver los regalos. Tenemos la opción de ver la abundancia ahora.

Principio 2

Venerarás la pasión

> *No entré en el negocio para ganar dinero, pero he descubierto que si me lo paso bien, el dinero vendrá.*
>
> SIR RICHARD BRANSON

El punto de vista basado en la escasez en el mundo venera el dinero.

El punto de vista de la abundancia venera la pasión.

Cuando te centras en hacer lo que te apasiona, el dinero vendrá detrás (siempre y cuando practiques los otros nueve secretos de «El manifiesto de la abundancia»). La pasión se refiere a la alegría que obtienes cuando haces algo que te importa y que te motiva.

La pasión es la energía de la inspiración divina que vive a través de ti.

Cuando expresas pasión, expresas amor. Cuando vives del amor, experimentas la esencia abundante del universo.

Aparta los ojos del dinero y ponlos en el perseguir tu felicidad, en seguir tu vocación de vida o misión.

Éste es el camino directo a la abundancia.

Ejercicio

Piensa en algo que te gusta hacer que:

a) cuando te imaginas haciéndolo no puedes evitar sonreír.
b) no hayas tenido ocasión de hacer desde hace un tiempo (o nunca). Lo ideal es que sea algo muy sencillo y accesible, como:
   - Pasear solo o con un ser querido.
   - Jugar con tus hijos o con tus animales.
   - Arreglar el jardín o hacer punto.
   - Aprender y practicar un nuevo idioma o un instrumento musical.
   - Escuchar música.

Pasa los siguientes cinco minutos imaginando que estás haciendo esta actividad, teniendo en cuenta lo siguiente:

- ¿Qué es lo que ves? ¿Quién está contigo?
- ¿Qué sonidos escuchas? ¿Risas? ¿Gente hablando?
- ¿Dónde estás? ¿En el parque? ¿En una clase? ¿En casa?
- ¿Lo puedes tocar? ¿Cómo te sientes al tenerlo en las manos o contra tu cuerpo?
- ¿Qué emociones positivas sientes? ¿Serenidad? ¿Satisfacción? ¿Emoción?

Reserva un momento para realizar esta actividad con la intención de mantener tu promesa, ya sea hoy o esta semana. Si alguien está implicado contigo en la actividad, habla con él y comparte tu punto de vista, junto con los detalles sobre cómo te gustaría que fuera. Poneos de acuerdo acerca del día y la hora. Siempre hay algo que podemos hacer hoy para atraer más pasión y alegría en nuestra vida, incluso si sólo es un pequeño paso. Lo que importa es la dirección.

Principio 3

Donarás un 10 por 100 de todos los ingresos

El diezmo te da la mayor devolución de tu inversión.

SIR JOHN MARKS TEMPLETON

El antiguo principio del diezmo te pide que dones el 10 por 100 de lo que recibas como regalo a dondequiera que recibiste inspiración.

Donar lleva a recibir.

Donar es la naturaleza del universo.

Cuando donas, te deslizas por el caudal de la vida. Donar es la esencia misma de la abundancia. Dona dondequiera que recibas alimento espiritual o inspirador.

Saltarse este secreto significa que todavía crees en la escasez, de otro modo donarías.

Donar es una declaración concreta de la abundancia.

Ejercicio

1. Piensa en un área de tu vida en la que sientas que tienes suficientes recursos. Puede ser tangible o intangible, como dinero, tiempo o alguna otra cosa que valores. Sea lo que sea, a partir de hoy y durante los próximos treinta días, dona parte de ellos de forma anónima.
2. Anota la cantidad de dinero que has recibido este mes, tus ingresos totales. ¿Cuánto es el 10 por 100 de eso? Entonces, si estás listo, dona esa cantidad hoy mismo a un lugar del que recibas alimento espiritual. Si el 10 por 100 te parece demasiado, decide qué porcentaje puedes donar y hazlo.

Cuando conocí este principio, me daba miedo donar mi dinero, así que empecé con algo que sentía que tenía bastante para regalar: libros.

Una cosa llevó a la otra, y una vez que vi la verdad del diezmo, empecé a donar mi dinero. No sólo me trajo abundancia a mi economía, sino a todas las áreas de mi vida.

El diezmo aprovecha y multiplica lo que ya tienes.

Principio 4

Mantendrás la mente clara

> *Existe una mentira que actúa como un virus dentro de la mente de la humanidad. Y esa mentira es: «No hay suficientemente para todos. Existen carencias y limitaciones y simplemente no hay suficiente». La verdad es que hay más que suficiente para todos. Hay más que suficientes ideas creativas. Hay más que suficiente potencia. Hay más que suficiente amor. Hay más que suficiente alegría. Todo esto comienza a venir a través de una mente que es consciente de su propia naturaleza infinita. Hay suficiente para todos. Si lo crees, si lo puedes ver, si actúas a partir de ahí, aparecerá para ti. Ésa es la verdad.*
>
> MICHAEL BECKWITH

La claridad mental conduce a la abundancia pura.

Las creencias de que no hay suficiente de nada provienen de la escasez, no de la abundancia. Las creencias de que el dinero es malo o que no hay suficiente para todos desencadena actos de autosabotaje y profecías autocumplidas.

La claridad mental se logra a través de estos diez principios, así como desprogramando tu mente del historial de conflicto y escasez.

Una mente clara ya no es una víctima, sino una cocreadora; ya no es reaccionaria sino que ahora es receptiva; ya no está perdida, sino despejada.

Ejercicio

La mayoría de la gente asocia el dinero con la abundancia, por lo que lo utilizaremos como un ejemplo para el propósito de este ejercicio. Sin embargo, no te detengas con el dinero, hazlo para otras áreas de tu vida en las que te gustaría ver un aumento.

Anota la cantidad de ingresos que has recibido este mes.

Ahora duplica esa cantidad y anótala.

Pregúntate: «¿Puedo verme a mí mismo creando o recibiendo esta cantidad?».

Si la respuesta es sí, duplícala otra vez y hazte la misma pregunta. Continúa haciendo lo mismo hasta que la respuesta sea no.

Aquí es donde comienzan a darse a conocer las creencias limitantes, cosas como: «Tengo un salario, no puedo ganar más. Eso no es realista. El dinero no crece en los árboles. Es demasiado dinero. Sería demasiado difícil.... esta economía no me lo permite. No hay manera».

Anota tus respuestas. La conciencia inicia el proceso de cambio.

Ninguna de estas ideas son un hecho, son las creencias en la escasez. Todas ellas son creencias negativas limitantes. A veces, liberarse de ellas es tan fácil como decir: «¿De veras creo que eso no es posible? ¿De veras creo que no es posible ganar más dinero?». Cuando cuestionas tus creencias, reduces su control, y entonces puedes recibir aún más.

Principio 5

Elegirás lo más ético en todas las decisiones

La vida en abundancia viene sólo a través de un gran amor.

ELBERT HUBBARD

El ego se resiste al amor y al perdón.

Se trata de una ilusión autocreada y automantenida. Hace que los hogares y los sueños se rompan.

En cada decisión, hay una elección: tomarla desde el amor o tomarla desde el ego. La mayoría la toma desde este último. Lo ético es elegir el amor.

Cuando exista una elección, pregúntate: «¿Cuál es la decisión más ética?».

Escoge el amor.

Ejercicio

Cierra los ojos e imagina que tus seres queridos están reunidos formando un círculo a tu alrededor. Siente el amor que tienen para ti y el amor que tú tienes para ellos. Ahora extiende esa sensación todo lo que puedas. Desde ese espacio de amor, piensa en una situación que te gustaría cambiar para mejor en tu vida. Mientras estás rodeado de sentimientos de amor, explicar en esta reunión qué te gustaría que fuera diferente para ti. Cuéntales todo lo que has hecho o intentado hasta el momento, y cualquier error que sientes que has cometido, permitiéndoles todo el tiempo que te sigan amando. Deléitate mentalmente en su amor incondicional.

Envuelto en el amor, examina el asunto de nuevo y pregúntate: «¿Qué medidas podría tomar para resolver esto ahora?». Anota las respuestas que recibas.

El amor es la puerta de entrada de la abundancia, y no perdonar significa un obstáculo. Podemos liberar cualquier energía bloqueada a través del perdón. Cuando te perdonas a ti mismo por cualquier ofensa percibida o pensamiento equivocado, puedes expandir tu vida y conseguir que fluya. Es entonces cuando las cosas se abren en cualquier área, tanto si se trata de amor, la salud, bienestar físico o finanzas. Así que pregúntate: «¿En qué aspecto de mi vida sigo aferrado a un rencor contra mí mismo o contra otra persona?».

Principio 6

Aplicarás la inspiración divina

> *Tan pronto como se presente una oportunidad, ¡aprovéchala! No importa lo mínima que pueda ser la oportunidad, ¡aprovéchala!*
>
> ROBERT COLLIER

La abundancia viene a aquellos que actúan basándose en los dones que les ha otorgado la inspiración divina.

Una idea no es un evento aleatorio. Es una entrega inesperada de un universo abundante. No actuar basándose en la idea es rechazar un regalo. Actuar basándose a ella es una afirmación de confianza.

Aquellos que aplican la inspiración divina tienden a beneficiarse de sus acciones. Esto beneficia a todos.

Esto es la abundancia.

Ejercicio

Busca un momento de tranquilidad en el que puedas pasar una hora a solas para pensar acerca de lo que realmente quieres. Una forma de hacerlo es pensar en una situación que no deseas en tu vida, y luego anotar el resultado ideal.

Manifiesta el ideal como una intención, declarándolo tanto en forma escrita como verbal.

A continuación, *nevilliza* tu objetivo (escribí sobre esto en *El poder de la atracción*). Imagínate a ti mismo con tu deseo ya concedido. Visualiza como si ya hubiera sucedido. No está en el futuro; es ahora. Estás curado y la situación se ha curado.

Ahora es el momento de olvidar y liberar. Éste es el punto de la confianza y la fe.

Durante la semana siguiente, toma medidas inmediatas respecto a cualquier intuición o idea que se te presenten (porque lo harán). Podría ser algo tan sencillo como conectarte a Internet para investigar acerca de tu objetivo.

Tener fe significa relajarse y saber que tu deseo está en camino. Igual de importante es saber que vas a estar bien mientras tanto. Este estado de energía relajada te coloca en un espacio de receptividad para escuchar los susurros apacibles de la inspiración divina.

Principio 7

Gastarás, invertirás y ahorrarás responsablemente

> *Muchas personas piensan que no se les da bien ganar dinero, cuando lo que no saben es cómo usarlo.*
>
> FRANK A. CLARK

La abundancia es la realidad del equilibrio y la suficiencia.

Mientras gastes, inviertas y ahorres de manera equilibrada, todo irá bien. Esto debe ser combinado con el principio de donar (Principio 3), que se puede considerar como una forma de invertir, pero la cuestión sigue siendo la misma: lo que recibas monetariamente debe ser dividido dentro de estas áreas.

Si lo haces, mantienes la vida abundante.

Ejercicio

Dibuja un círculo en un pedazo de papel. Esto representa el total de tus ingresos ahora. Asigna un porcentaje a varias partes de la forma en que actualmente repartes tu dinero. Por ejemplo, el 10 por 100 para ahorros, el 10 por 100 para el diezmo, el 30 por 100 para impuestos, el 5 por 100 para deudas, el 40 por 100 para gastos de mantenimiento, y el 5 por 100 para gastar.

Rellena estos porcentajes en tu gráfico circular.

Observa qué está desequilibrado, o qué falta. Por ejemplo, tal vez no estés diezmando o ahorrando y te gustaría hacerlo.

A continuación, dibuja otro círculo y créalo como te gustaría que fuera. Después, colócalo en algún lugar donde lo puedas ver de manera regular.

También puedes hacer un gráfico circular para un solo aspecto. Por ejemplo, los ahorros podrían dividirse en porcentajes para invertir, para largo o corto plazo, o para artículos concretos para los que estás apartando dinero, como las vacaciones, Navidad o una boda.

Trabajar con porcentajes ofrece una manera de manejar tu dinero fácilmente sin importar la cantidad de ingresos. Te sentirá más poderoso con el dinero que tienes, y a medida que crezcan tus ingresos sabrás lo que vas a hacer con él. La seguridad financiera y la paz es una parte de toda abundancia.

Principio 8

Verás detrás de cada desafío

Espera que todas tus necesidades se cumplan. Espera la respuesta a todos los problemas, espera abundancia en todos los niveles.

EILEEN CADDY

Los problemas son oportunidades disfrazadas. Desnúdalos para ver la solución.

Dentro de cada desafío está su solución.

Una mentalidad basada en la escasez ve el problema; una mentalidad basada en la abundancia ve el producto, el servicio o la solución.

Debes preocuparte menos por las señales de alarma para tener expectativas sinceras y en las que confiar.

Ejercicio

Imagínate que eres un inventor (o un *imaginiero,* como los llaman en Disney), y que se te tiene que ocurrir un invento para competir en un concurso.

Para empezar, es posible que te hagas las siguientes preguntas:

¿Qué es lo que no funciona tan bien como te gustaría?
¿Qué problema, asunto o dilema te gustaría resolver?
Si pudieras hacer la vida más fácil, ¿qué inventarías?

A continuación, harías una lista de alternativas o posibilidades, junto con las ventajas y desventajas, y luego empezarías a visualizar qué forma podría adoptar tu invento y qué materiales serían necesarios.

Éstas son sólo algunas de las preguntas que se hacen los inventores, pero en esencia, todo comienza con algún tipo de problema.

Se puede aplicar el mismo proceso para solucionar un problema personal, por lo que, esta vez, haz las preguntas acerca de tu propia vida.

Los inventores son, naturalmente, seres humanos curiosos, siempre husmeando para encontrar un problema que resolver; y un problema no tiene por qué ser malo. Por ejemplo, en Disney, están continuamente en busca de ideas para una nueva y emocionante experiencia en una atracción. Los problemas pueden ser divertidos cuando se exploran de esta manera proactiva. Ésa es la mentalidad de la abundancia.

Principio 9

Experimentarás el milagro del ahora

> *Uno de los cambios más dinámicos e importantes que puedes hacer en tu vida es comprometerte a soltar todas las referencias negativas de tu pasado, para comenzar a vivir ahora.*
>
> RICHARD CARLSON

En este momento, todo está bien.

Este momento es la abundancia. Este momento es el milagro.

No ver el milagro del momento significa que el ego está limitando la vista. Venir del miedo no es venir desde la fe.

En este momento, donde la abundancia vive y respira, ver la siguiente acción y la siguiente inspiración es pan comido. Está justo ahí.

Ejercicio

Mira alrededor de la habitación donde estás y encuentra algo por lo que te sientas agradecido. Puede ser cualquier cosa: la silla en la que estás sentado, un refrigerador, el vaso del que estás bebiendo o el agua que hay en el vaso.

Haz una lista de todo lo que aprecias de esa cosa, incluidas las personas que la hicieron para que la disfrutaras. Sé creativo y reflexiona sobre tantos aspectos como sea posible.

- ¿Qué te proporciona el objeto?
- ¿Qué bienestar te aporta tenerlo?
- ¿Para qué sirve?
- ¿Qué te agrada de él?

La abundancia está tan cerca como la gratitud porque la verdadera gratitud siempre te sitúa justo aquí, en este momento, ¿y donde más podría existir la abundancia? Es así de simple.

Principio 10

Ayudarás a los demás

> *Puedes tener todo lo que quieras en la vida con sólo ayudar a suficiente gente a conseguir lo que quiera en la vida.*
>
> ZIG ZIGLAR

Ayudar a los demás amplía tu visión del mundo para incluir al resto del planeta.

También amplía tu energía para llevarla desde el ego hacia el espíritu.

Ayudar a la familia, a los amigos, a la comunidad y al mundo aumenta la abundancia para todos. Cuanto más extiendes una mano a los demás, más sientes que la abundancia es una realidad para ti.

Ayudar a los demás te ayuda.

Ejercicio

Anota algo que te gustaría hacer si tuvieras los medios para hacerlo.

A modo de ejemplo, digamos que deseas viajar por el mundo y divertirte más.

Ahora imagina que eres un empresario que busca una manera de no sólo hacer esas dos cosas, sino también de crear un negocio con el que ganar dinero y ayudar a tu comunidad.

- Podrías abrir una agencia de viajes y patrocinar divertidas excursiones.
- Podrías viajar y organizar eventos deportivos.

Con lo que has escrito, observa la cantidad de ideas que puedes llegar a tener entorno a esa idea para satisfacer tu deseo, mientras ayudas a los demás al mismo tiempo.

Las relaciones, el dinero, todas las cosas que queremos en la vida, van a llegar a través de otras personas. Así que tienes que hacer una contribución, y no hay ninguna forma de evitarlo. De hecho, cuantas más contribuciones hagas mientras haces lo que amas, más te puedes beneficiar. Piensa en la abundancia para todos.

Conversaciones con millonarios concienciados

(Extractos de entrevistas de *Hypnotic Gold* de Joe Vitale, www.Hypnotic Gold.com).

Paul Zane Pilzer fue asesor económico de dos presidentes de Estados Unidos, y es reconocido mundialmente por ser un destacado predictor de catalizadores y tendencias económicas. Es autor de cinco libros superventas entre los que se incluyen *Unlimited Wealth, The Next Trillion* y *The Wellness Revolution.* Sus libros están publicados en veinticuatro idiomas. Pilzer comenzó varias actividades empresariales, ganando su *primer millón de dólares* antes de los veintiséis años de edad, y sus *primeros diez millones* de dólares antes de los treinta años.

«Creo que soy un científico, todo lo cerca que un economista puede estar de un científico, y soy realista. Porque, ciertamente he recurrido a cosas que iban a ser negativas como lo hice en la crisis del ahorro y los préstamos, sobre lo cual fui una de las primeras personas en escribir, y predecir que iba a llegar a principios de los ochenta. En la economía general, soy optimista y realmente es debido a la ciencia fundamental. Me refiero a que toda riqueza, si la definimos, se basa en las cosas físicas que nos gustan de la vivienda, la alimentación, el transporte, los coches. Podríamos decir que todos los bienes que tenemos son nuestra riqueza.

»La economía tradicional se basa en la escasez. Si recuerdas tu clase de economía de tus primeros años, si fuiste a la universidad o la escuela secundaria y estudiaste economía, la primera línea es: "La economía es el estudio de la escasez". Los viejos economistas, o muchos economistas, dicen hoy en día que hay una cantidad limitada para abastecernos ahí fuera: la tierra, los minerales, la riqueza, el agua dulce, el aceite, y cómo desnudamos a un santo para vestir a otro. Siempre me ha gustado esa analogía. Pero, en realidad, la forma en que tomamos la riqueza de un país y se la damos a otro, o cómo robamos para donar, no tener y donar para que otro tenga, eso es economía. Da igual si lo llamas comunismo, capitalismo, socialismo o cualquier otro ismo; el estudio de la economía es en realidad el estudio de la escasez.

»Esto me molestó tanto que probablemente debería explicar por qué. Mis padres, inmigrantes de Europa del Este, lucharon muy duro y trataron de darle sentido a todo lo que veían en Estados Unidos, y realmente nunca lo consiguieron. Mi padre trabajó toda su vida, seis días a la semana, doce horas al día, y nunca ganaba demasiado para su familia desde su punto de vista, pero, por supuesto, nunca acumuló ningún tipo de riqueza que le permitiera dejar de trabajar hasta el día de su fallecimiento.

»Él me envió a la escuela y luego fui a la Wharton Business School para estudiar economía y ser economista. ¿Por qué? Porque las personas a las que más quiero, empezando por mi padre, querían una respuesta. ¿Cómo te haces rico? ¿Cómo nos hacemos todos ricos? Cuando llegué a Wharton dije: "Esto no se trata de cómo todos nos hacemos ricos, se trata de cómo robamos a otra persona y nos hacemos ricos", ya que el estudio de la economía es el estudio de la escasez.

»De todos modos, busqué en mi origen inmigrante a partir de la década de los cincuenta en Estados Unidos. Cuando estaba creciendo, siempre veía terrenos baldíos siendo destruidos, ya sabes que tomaron descampados y construyeron enormes promociones de viviendas en todo Long Island y Westchester. Yo pensaba: "Nadie vivía allí; no han echado a nadie fuera de sus casas". Nos mudamos de una pequeña vivienda a una bonita casa en Long Island y así lo hicieron todos mis parientes, y así lo hicieron todos. Podía ver toda esa riqueza que se creaba en Estados Unidos sin robarle a nadie.

»Entonces, por supuesto, empecé a repasar los números y me di cuenta de que la economía no tiene razón. La base de la economía, que es un estudio de la escasez, es errónea. Deberíamos estudiar teorías de negocios que expliquen lo que realmente está sucediendo. ¿Cómo estamos llegando a ser cada vez más y más ricos como sociedad, todos los años, y cada vez más y más personas están compartiendo esta riqueza? Por eso tuve que desarrollar, originalmente en el libro *Unlimited Wealth,* hace quince años (bueno, hace diecisiete años), una nueva teoría de la economía basada en la abundancia, basada en la capacidad de la tecnología para darnos abundante riqueza sin límite.

»Así que volviendo al tema, en realidad no soy optimista, soy realista. Porque toda la riqueza, y ésta es una ecuación fundamental que aparece en todos mis libros, es el producto de los recursos físicos multiplicados por la tecnología. R = F (recursos físicos) por T (tecnología). R = F x T. No se trata de la cantidad de tierras de cultivo que tengas, a pesar de que la historia del mundo desde hace cinco mil años es cómo matar a los vecinos y quedarse sus tierras de cultivo. Se trata de qué cantidad de alimentos por metro cuadrado produces.

»En Estados Unidos, por ejemplo, aumentamos la productividad de las tierras agrícolas por metro cuadrado hasta cien veces desde 1930 hasta 1980. O, dicho de otra manera, hemos pasado de que 30 millones de agricultores en 1930 apenas pudieran alimentar a 100 millones de personas, a 300 millones de agricultores en 1980. Es mucho menos ahora, se alimentan más de 300 millones de personas y hay entre un 40 y un 50 por ciento más de alimentos. *La riqueza es igual a los recursos físicos multiplicados por la tecnología.* Por lo tanto, no se trata de la cantidad de tierras de cultivo que tengas para cultivar alimentos, se trata de la cantidad de tierras multiplicada por la tecnología, es decir, el rendimiento por metro cuadrado».

Randy Gage es un gurú de la prosperidad y autor de numerosos libros de gran éxito, entre los que se incluyen *Risky is the New Safe*.

«Vivimos en el mejor momento de la historia humana. Nunca ha habido un momento mejor para crear el éxito. Nunca ha habido un momento mejor para crear riqueza. Nunca ha habido un momento mejor para pasar de la quiebra a ser multimillonario o multibillonario en menor cantidad de tiempo que ahora mismo, pero millones de personas no lo saben porque se creen todas esas idioteces. Ya sabes, se creen las noticias que ven y que leen: oh, ¿has oído el último informe de trabajo? ¿Qué pasa con la inflación?

»Debes entender que tu prosperidad no tiene nada que ver con tu trabajo, tu jefe, la economía, ni nada de eso. Todas esas cosas son factores, pero tu prosperidad es creada por tu respuesta ante todos esos factores y por eso escribí *Risky is the New Safe*. Quiero que la gente lo entienda de verdad, que olviden el pesimismo y la negatividad. Vivimos en el mejor momento, si pudieras montarte en ese DeLorean con Michael J. Fox y tuvieras que elegir una fecha a donde ir, aquí es donde te gustaría ir.

»Cuando nos fijamos en las aplicaciones móviles, los teléfonos, la nube, las redes sociales, la inteligencia artificial, la clonación, la ingeniería biogenética, lo que va a pasar en los próximos diez a quince años es más de lo que ocurrió en los últimos dos mil. Existe tal posibilidad, sí; será un reto, sí; la gente va a estar nerviosa, ansiosa, disgustada; lo entiendo. Pero a cada uno de estos desafíos le corresponde una oportunidad y éste es el momento en el que deseas estar vivo, aquí, ahora».

Bruce Muzik es un orador y escritor de renombre internacional, y un experto en el uso de la mente humana para alcanzar el éxito sin esfuerzo. Su filosofía combina los principales límites de la física con la espiritualidad práctica, proporcionando el éxito en el mundo real a sus estudiantes de todo el mundo.

«Tal vez lo primero que se debe hacer es distinguir la riqueza del dinero, y creo que la forma más fácil de hacerlo sería con una metáfora. Quiero que te imagines que el dinero es como las mariposas. La mayoría de la gente va por la vida tratando de atrapar a las mariposas. Van por la vida tratando de ganar dinero; tienen un cazamariposas y van por la vida tratando de atrapar a las mariposas, pero al final del día las mariposas salen volando y se quedan con lo que tienen y tienen que volver a atraparlas al día siguiente. Pero al cabo de un tiempo, otros cazadores de mariposas se dan cuenta de que hay una gran cantidad de mariposas en esa zona en concreto y vienen con grandes cazamariposas. Suelen atrapar más que tú, así que te vas a casa con las manos vacías, sin mucho dinero o sin haber podido cazar muchas mariposas ese día. Lo que termina pasando es que los cazadores de mariposas tienen que volver todos los días a perseguir mariposas. Tienen que conseguir cazamariposas más grandes. Tienen que seguir buscando formas nuevas y mejoradas para capturar sus mariposas.

»Sin embargo, los ricos no van por ahí persiguiendo mariposas, Joe. Lo que hacen es construir un jardín y atraer a las mariposas a él. Y lo que la gente rica sabe es que al final del día las mariposas desaparecen de su jardín, pero saben que volverán al día siguiente porque han cuidado un jardín que atrae a las mariposas. Por lo tanto, voy a usar el jardín como una metáfora de la riqueza y las mariposas como una metáfora del dinero. Lo que la mayoría de la gente hace es ir por la vida diciendo:

"Quiero ser millonario Quiero ganar un montón de dinero". Van por ahí persiguiendo mariposas tratando de ganar dinero sin haber cultivado un jardín, o construido una base de riqueza. Así que voy a usar eso como una especie de metáfora para introducir este concepto y vamos a hablar concretamente sobre qué es la riqueza.

»El modo en que Roger Hamilton, mi mentor, define esto es que la riqueza son las cosas intangibles que son únicas para ti. Tu riqueza es tu red. Son tus recursos. Es el conjunto de tus habilidades. Y una de mis definiciones favoritas es que es tu trayectoria. Es el conjunto de estas cosas intangibles, y también un modo de pensar, que no se pueden ver. Cuando los ricos pierden todo su dinero tienden a encontrar que el dinero vuelve a ellos una y otra vez. Ellos tienden a hacer que su dinero vuelva».

El rabino Daniel Lapin es el autor del superventas *Thou Shall Prosper. Newsweek* se refirió a él una vez como uno de los rabinos más influyentes de Estados Unidos. Ha dado conferencias para Boeing, Microsoft y Nordstrom, así como ante el Ejército de Estados Unidos.

«Ahora quieres construir canales de dinero. Lo que realmente te gustaría son unas tuberías para perforar esa barrera y que el dinero pueda fluir a través de ellas hacia ti. Eso es lo que a todos nos gustaría. El problema es que no se puede obligar a nadie del exterior a perforar canales de dinero a través de la barrera para que así el dinero pueda fluir hacia ti. Así que sólo puedes hacer una única cosa: hacer esos agujeros desde tu lado.

»¿Cómo se hace eso?

»Apartando el dinero de ti. Y una vez que hayas creado los canales apartando dinero, mientras que esos canales todavía existen y el dinero todavía puede fluir por ellos, el camino más seguro para crear esos canales es donando dinero.

»Y, además, cuando piensas en ello casi nada produce la misma cantidad de conexión social como donar dinero. Ésa es una de las razones por las que el pueblo más pequeño de América cuenta con un Rotary Club y a medida que llegas a ciudades más grandes hay todo tipo de organizaciones (el teatro y la orquesta tienen una organización benéfica). ¿Para qué son todas estas cosas? A fin de cuentas, ¿todo esto es porque de verdad todo el mundo quiere desesperadamente que haya una orquesta en Wichita? Probablemente algunas personas lo deseen, pero para otro montón de personas que son parte del consejo de la orquesta, es una forma de conocer a otros seres humanos. Porque la gente reconoce que cuando estás dispuesto a dar dinero haces conexiones, y ésa es la clave. Ésa es la razón.

Así que, si lo aceptas por la Biblia como yo, es un buen consejo para los seres humanos donar más de un 10 por 100 de sus ingresos. A mi modo de ver, Dios es fenomenal. Él me permite trabajar en una comisión del 90 por 100. El 10 por 100 ni siquiera me pertenece. Ésta es la parte bonita. Cuando lo dono, me estoy ayudando a mí mismo más que a nadie».

Bill Bartmann creó siete empresas de éxito en siete sectores diferentes, entre las que se incluyen una empresa internacional de 3.500 millones de dólares con 3.900 empleados que empezó en la mesa de su cocina con un préstamo 13.000 dólares. Ha sido nombrado Empresario del Año por NASDAC, *USA Today*, Merrill Lynch y la Fundación Kaufmann. La revista *Inc.* citó sus empresas como unas de las 500 compañías de crecimiento más rápido en Estados Unidos durante 4 años consecutivos. Ha sido galardonado con un lugar permanente en el Museo de Historia Americana del Instituto Smithsonian y galardonado con el Golden Plate Award de la American Academy of Achievements como uno de los triunfadores destacados del siglo XXI. Sin embargo, una vez fue un indigente.

«Hay un pequeño ejercicio que puedes hacer y todo lo que se necesita es un pedazo de papel y un bolígrafo. Así que no es nada tecnológico o exótico.

»Coge una sola hoja de papel (voy a hablar despacio para darte tiempo a buscar una ahora mismo), y simplemente dibuja una línea en el centro. En el lado izquierdo escribe la palabra "Fracaso". Debajo de esa palabra, escribe todas las veces que has metido la pata. Cada vez que hayas cometido un error, cada vez que hayas estado en el lugar equivocado en el momento equivocado, todo lo que desearías que no hubiera sucedido. No estoy tratando de hacer que te sientas mal ni arrastrarte hacia viejos recuerdos y abrir una vieja herida. Sólo quiero que hagas una lista de las cosas que creas que estuvo muy mal que sucedieran en tu vida. Pasa unos minutos haciendo esto y, confía en mí, vas a anotar un montón de cosas muy rápido.

»Al otro lado de esa línea escribe la palabra "Éxito". Anota todas las veces en que algo te ha salido bien. Si el fracaso es meter la pata, hacerlo mal, entonces cada vez que lo hayas hecho bien no es un fracaso, es un positivo. Así que haz una lista de todas las veces en que algo te haya salido bien, todas las veces que hiciste feliz a alguien, todas las veces que hiciste que alguien se sintiera orgulloso, todas las veces que tú te hayas sentido orgulloso.

»Si alguna vez un maestro te dio una palmadita en la espalda, o tu madre puso tus notas en la nevera, si alguna anotaste el *touchdown* de la victoria, si alguna vez vendiste más galletas que otra persona. No estoy hablando de dar con la cura para el cáncer o de ganar el Premio Nobel, sólo de veces en que te haya ido bien. Lo que pasa cada vez sin excepción (y he hecho este ejercicio miles y miles de veces en toda mi vida), es que todas las personas para las que he hecho este ejercicio han anotado más cosas en el lado derecho que en el lado izquierdo.

»Pero no hemos terminado. Ahora, te digo: "Es una gran observación. Mira, tienes más éxitos que fracasos. ¿Eso no debería decirte algo?". Y por supuesto que lo hace.

»Entonces digo: "Vamos a hacer algo más. Volvamos atrás y veamos esos fracasos. ¿Cuántos de ellos has superado? ¿Cuántos de ellos has tenido que pasar? ¿A cuántos de ellos has sobrevivido? ¿Cuántos de ellos ya no son en realidad un impedimento? Coloca todos ellos en el lado de los éxitos".

»Porque haber sufrido, y en tu caso haber sido indigente, es una fortaleza. No es un punto negativo. Tú has hecho algo que no todo el mundo puede hacer y que te hace mejor que algunas otras personas. No en el sentido de que no hagas cosas malas, Joe, sino porque hemos sufrido por algo. Y cuando puedes mover tus fracasos al lado de los éxitos y finalmente verte a tí mismo, tal vez con claridad por primera vez, y ver quién eres realmente, es muy poderoso.

»Los hechos son los hechos; no podemos cambiarlos. Pero es la forma en que vemos los hechos lo que nos cambia. Así que cuando nos fijamos en una cosa negativa como algo negativo, decimos: "Todo me pasa a mí, la he cagado y no soy muy inteligente, maldita sea". Pero si miramos hacia atrás y decimos: "Oye, sobreviví a aquello. Superé ese bache. Sí, claro que tomé una mala decisión entonces, pero por el amor de Dios, tenía doce años, o dieciocho años, o veintidós años o los que sean. Mira, aun así lo superé". De repente empiezas a pensar: "Tío, esa cosa negativa es en realidad positiva"».

Gene Landrum es un ejecutivo novel de altas tecnologías, que se convirtió en formador y escritor. Como hombre de negocios originó algo que todos conocemos, el concepto de restaurante para el entretenimiento familiar Chuck E. Cheese, entre otras iniciativas empresariales. Después de muchos años de interactuar con personalidades creativas y destacadas, comenzó a escribir libros acerca de lo que hace moverse a las grandes personas y aquí es donde me convertí en un gran fan. Su trabajo doctoral, *The Innovator Personality,* originó muchos libros acerca de la cara mental y emocional del éxito. También escribió *The Superman Syndrome: You Become What You Believe.*

«Como ya sabes, he hablado extensamente acerca de Henry Ford, que estudió hasta el tercer curso. Estaba en Detroit. ¿Crees que sabía lo que estaba haciendo? No, en realidad se metió en grandes problemas debido a que el contable público, que en realidad era el director financiero, dejó su trabajo y presentó una demanda colectiva contra el chico en el año 1914 por haber valorado el Modelo T por debajo de su coste y fue algo visceral.

De lo que estamos hablando aquí, Joe, es de eso mismo. A veces sabemos demasiado para nuestro propio bien. Sabemos mucho, y me has escuchado decir esto, Joe, en algunas de nuestras entrevistas. No sabía lo suficiente como para saber que no podía tener una rata entregando *pizzas* en un restaurante llamado Chuck E. Cheese y la gente decía: "Estás loco, tío. Matamos a las ratas, no puedes tener una rata". Yo le digo a la gente que no sabía lo suficiente como para saber lo que no podía hacer, así que hice algo que en realidad resultó ser muy bueno.

»Cuando estaba haciendo la investigación sobre Ophra Winfrey, tenía veinte años y estaba muerta de miedo cuando estaba a punto de debutar con su primer programa en una cadena. Dijo: "No sé cómo hacer esto", y se sentó. Y muchos de tus oyentes pueden estar pensando: "¿Cómo puedo entrar ahí y hacer esto? ¿Cómo puedo manejar esto y llegar a un nuevo acuerdo?"

Bueno, ella es muy inteligente así que pensó en ello y dijo: "Ya lo sé, hoy no soy Ophra". Hablo bastante sobre esto, como ya sabes, en mi libro de *Superman.* Prácticamente tenemos que engatusarnos a nosotros mismos y entrar en un modelo de fantasía mítica si quieres, donde llegamos más allá de esos temores y no somos nosotros. Lo que hizo Ophra fue decir: "Ya lo sé, esta noche no soy Ophra, soy Bárbara"; porque años atrás Barbara Walters era la presentadora de programas de entrevistas número uno y ya sabes lo que hizo. Ésta es una historia real, Joe.

»Tus oyentes se harán una idea. De hecho se vistió como Barbara se vestía; ella era de Tennessee, Bárbara era de Nueva York. Se vistió como Barbara. Aprendió a caminar como Barbara, y salió a ese escenario, actuó como Bárbara y trató de hablar como Barbara. ¿Sabes lo que me parece tan interesante desde la perspectiva emocional, Joe? ¿Sabes qué? Ahora está más valorada que Barbara. Está valorada en 2 millones de dólares».

Arnold Patent ha escrito numerosos libros, entre ellos *So, You Can Have It All,* que todavía está disponible. Patent también ha escrito *The Journey, Money, The Treasure Hunt y Bridges to Reality.*

«Por eso escribí el libro *The Journey,* para explicar por qué nuestras vidas son esencialmente opuestas a nuestro estado natural. Los principios definen o describen nuestro estado natural y, sin embargo, nos encontramos experimentando prácticamente lo contrario. A partir de la formación que recibí y las pautas que me dieron respecto a eso, fue cuando se me ocurrió describirlo como fase uno y fase dos.

»La fase uno es la creación intencional de experiencias opuestas a nuestro estado natural. Por lo tanto, antes de llegar a esta encarnación, planeamos de qué familia vamos a formar parte, cuáles son los sistemas de creencias, de existencia y demás. Por lo tanto, lo desarrollamos con el fin de entrar en la experiencia humana, tenemos que dejar de ser lo que realmente somos, el poder y la presencia de Dios, y cualquier recuerdo de aquello.

»Venimos de la unidad y todo nuestro tiempo en la eternidad está volviendo a la unidad, pero en el camino, exploramos otras formas de experimentarnos a nosotros mismos y la experiencia humana. Este reino en el que estamos es un reino muy denso y que sólo podemos experimentar haciendo que nuestras vidas sean opuestas a su estado natural. Entonces, al igual que en las personas que están escuchando este programa y otras, en un momento determinado, sucede algo dentro de ti que dice: "Espera, hay más en la vida de lo que he estado experimentando hasta ahora", y ahí es donde empieza la búsqueda que tú hiciste, que yo hice, que todos hicimos, de lo que está pasando en realidad. Fue entonces cuando empezamos la parte de la fase dos, la vuelta consciente a nuestro estado natural.

»Por lo tanto, lo importante del caso es reconocer que, en esencia, cada uno de nosotros es el creador de la experiencia de la fase uno. Nos propusimos hacer que nuestra vida fuera opuesta a nuestro estado natural y ser el creador. También podemos ser el no creador. Me gustaría añadir otro elemento a esto.

»Cuando hablamos de la creación, hay dos niveles de poder. El verdadero poder reside en lo divino. No podemos crear a ese nivel. Creamos con *c* minúscula; básicamente, esas creaciones las ideamos en nuestra imaginación. No son reales y no duran en la conciencia, pero podemos hacernos creer que son reales, que es lo que hacemos, y ésa es nuestra experiencia humana.

»Siempre ilusorias en un sentido, siempre inventadas, pero debido a nuestro poder creativo para crear ilusiones, también podemos crear la creencia de que son reales. Cuando entras en el proceso de despertar, empiezas a distinguir la diferencia entre nuestro nivel de creación como ser humano y el nivel de creación divino».

Los siete obstáculos

Cuando dirigía mis Masterminds Rolls-Royce Phantom, conocí a personas que ya tenían éxito y sabían que querían más: más dinero, más éxito, más conocimientos, más espiritualidad, más de la experiencia de una vida plena.

Muchos eran millonarios o multimillonarios. Algunos tenían un reconocimiento generalizado, pero sólo en nichos relativamente estrechos. En resumen, la mayoría de ellos ya tenían mucho éxito para los estándares de cualquier persona. Pero muchos querían el éxito *mundial.* Estaban verdaderamente preparados para las principales ligas; querían jugar el partido más importante y marcar más de una diferencia para más gente, de una manera mucho más grande.

Se podría decir que querían convertirse en nombres muy conocidos.

Me encantaba ayudar a estas personas maravillosas a extender su fama y alcanzar nuevos niveles de éxito financiero. Algunos se sorprendían, pero yo nunca lo hacía. Yo sabía de antemano lo que era posible para cada persona. Aun así, aprendí algo nuevo mientras ayudaba a muchos de ellos a avanzar hacia sus siguientes niveles personales propios.

Esto es lo que averigüé: había una manera segura de predecir si llegarían o no donde decían que querían llegar. Todo se reducía a siete grandes obstáculos para el éxito mundial. Échales un vistazo y observa cuántos de ellos te podrían estar reteniendo para llegar a *tu* siguiente nivel. Sin un orden en particular, aquí están.

Tu sueño no es lo suficientemente grande

Tiene que ser grande. Exageradamente grande. Porque si no tienes una visión clara, lo suficientemente potente, una visión que realmente te emocione mucho e incluso te asuste un poco, entonces simplemente no vas a hacer lo necesario para llegar a donde quieres ir. Para alcanzar la fama a nivel mundial, necesitas un sueño grande y audaz que te impulse a vivir ese sueño.

Necesitas una visión para encender el radar en tu mente para buscar y encontrar oportunidades y conexiones. Sin un gran sueño, una meta, un deseo, una visión, sobrevivirás, pero no prosperarás; existirás, pero no serás feliz.

Así funcionó esto en mi propia vida: cuando decidí ser músico a los cincuenta y siete años, era un sueño aterrador y aun así emocionante. Pero era mi gran sueño, esa visión descomunal, lo que me dio la energía y la confianza para crear quince álbumes en menos de cinco años. Con eso gané dinero más que suficiente para comprar algunas de las guitarras más caras del mundo.

Y lo más importante de todo: ¡fue mi visión descomunal, en definitiva, la que llevó mi música a las manos (y oídos) de más personas en todo el mundo de las que incluso soñaba!

No estás tomando medidas coherentes

La voluntad de pasar a la acción y seguir tomando medidas es un factor importante. No necesitas todo un plan paso a paso, ya que puede que tengas que crearlo a medida que avanzas. Pero *sí* es necesario tomar medidas.

Cualquier acción, incluso un pequeño paso, se mueve en la dirección correcta. Porque tienes que seguir avanzando para que el camino se abra. Verás con claridad el resto de la carretera a medida que lo hagas. Es como conducir tu coche por la noche. Sólo puedes ver el camino hasta donde alumbran las luces delanteras, pero puedes hacer todo el viaje si sigues conduciendo.

Ejemplo personal: cada vez que escribo un nuevo libro comienzo con la misma página en blanco, pero al escribir palabras en ella, acabo construyendo lo que se convierte en un libro. Muchos de ellos son los más vendidos en todo el mundo, como *Cero límites* y *La llave.*

No eres lo suficientemente congruente con tus creencias

Las personas que alcanzan el éxito en todo el mundo tienen una creencia irrazonablemente fuerte, incluso obstinada, en sí mismos. Si no crees en ti mismo, o en tu sueño, es probable que no tomes ninguna medida o que no dures mucho tiempo. Las creencias limitantes acerca del dinero, del éxito, de ti mismo y demás, podrían limitar tu visión y frenar tu entusiasmo.

Tus creencias crean tu realidad. Las creencias que sirven de apoyo pueden atraer el éxito masivo que deseas. Una vez más, mi decisión de ser músico es relevante. Yo no tenía experiencia previa cantando, escribiendo canciones, grabando, ni en otras muchas cosas. Como borraba de manera sistemática las creencias limitantes, usando lo que enseño en mi programa Miracles Coaching®, me liberé para perseguir mi sueño.

Te falta el valor necesario

«Sin agallas no hay gloria». ¡Es verdad! Hay que tener valor para hacer frente a tus miedos, tener fe y provocar un impacto masivo en todo el mundo. No tienes que ser extravagante ni ostentoso, pero sí tienes que estar dispuesto a salir a la palestra. Se trata más bien de estar dispuesto a apostar por su sueño que de ser una persona extrovertida. Puedes ser tímido y tener éxito. Pero tienes que tener la fe interior en ti mismo para perseguir tu sueño.

A menudo digo que cuando vayas a perseguir un sueño más grande de lo que has intentado antes, vas a sentir miedo. Es natural. Estás saliendo de tu zona de confort. Pero si respiras profundamente y lo haces, encontrarás la fuerza interior para ponerte en marcha, y el movimiento hacia adelante crea un impulso que es prácticamente imparable.

No estás dispuesto a encargarte de la publicidad

«Construyelo y ellos vendrán» funciona muy bien en las historias de ficción, pero afróntalo: nada destaca a menos que alguien lo esté publicitando (¡incluso la película de donde viene la frase «Construyelo y ellos vendrán»!). Todos los visionarios que están marcando una diferencia a largo plazo a escala mundial, realizaron una destacada publicidad o contrataron a alguien para hacerla.

Tomemos a Freud como ejemplo. Mientras que sus ideas y sus libros eran publicados y considerados, no llegaban a una gran cantidad de público. Contrató a un publicista para lograrlo. Edward L. Bernays, el padre de las relaciones públicas modernas, era el sobrino de Freud. Vio luchar a su tío e hizo algo al respecto. Hoy en día, en gran parte gracias a la labor de publicidad de Bernays, Freud es un nombre reconocido en todo el mundo.

No has lanzado los cohetes

Conseguir el éxito a nivel mundial significa destacar entre la multitud. Hacer grandes cosas a lo grande es la manera de lanzar un cohete al mundo y conseguir que la gente mire en tu dirección.

Consideremos a Trump. Puedes amarlo u odiarlo, votar por él o no, pero está consiguiendo que su nombre y su marca sean cada vez más reconocidos en todo el mundo.

Lo mismo ocurre con Branson. Sus temerarias hazañas y aventuras bien promocionadas, desde ir en globo hasta vuelos espaciales, consiguen que su nombre quede grabado en la mente del mundo.

No has superado con creces las expectativas

Definitivamente, tienes que sorprender a la gente con lo que les ofreces. Tu producto o servicio tiene que ser mucho más de lo prometido o esperado. Tiene que sorprenderlos a todos.

Zappos es conocido por esto. También existen muchas otras compañías que tienen reconocimiento a nivel mundial. Van más allá de lo que se espera para proporcionar una experiencia de servicio sorprendente. Barnum, en el año 1800, hizo lo mismo al ofrecer decenas de miles de rarezas en su museo. Todavía conocemos su nombre en la actualidad.

Así que, ésta es mi lista de los siete grandes obstáculos para alcanzar el éxito mundial. Cualquiera de ellos puede hacer que te detengas. Todos ellos incluso habrían evitado que leyeras este capítulo. Ahora que los conoces, el siguiente paso es tuyo.

Mariposas y tu SAR

¿Cuántas mariposas ves a tu alrededor? Ahora mismo, en tu hogar o en tu oficina, es probable que ninguna. Pero probablemente hoy percibirás unas cuantas, tal vez en una foto en una revista, o en la televisión, o en la naturaleza, al menos hasta que mi pregunta se evapore de tu conciencia.

¿Por qué?

Al investigar la fijación de objetivos para una charla en la convención de la Asociación de Magos de Texas (TAOM por sus siglas en inglés) Austin, Texas, me acordé de nuestro SAR. SAR significa «sistema de activación reticular». Está en la base del tronco cerebral y su tarea es básicamente clasificar los millones de bits de datos que te rodean en un momento dado para escoger los siete bits que son relevantes para ti.

Numerosos autores dieron sus propios nombres a esta herramienta natural de supervivencia y selección. En 1960, Maxwell Maltz escribió un novedoso libro llamado *Psico cibernética: el secreto para mejorar y transformar su vida.* En él, se refería al SAR como a tu «servomecanismo». A mí me parece un nombre extraño, pero a Maltz y a su legión de lectores les sonaba bien. De cualquier manera, hay algo en ti que te ayudará a atraer a tus intenciones si lo activas. Así que vamos a mirar un poco más de cerca.

¿De qué manera selecciona tu SAR lo que es relevante?

Básicamente de dos maneras:

1. Cualquier cosa que te ayude a sobrevivir.
2. Cualquier cosa relacionada con un objetivo.

La supervivencia es la configuración predeterminada. Tu cerebro está diseñado para ayudar a preservar tu seguridad y reproducirte. No tienes que pensar en ello. Está mentalmente programado en tu cerebro.

La mayor parte del trabajo de tu inconsciente gira en torno a la idea de mantenerte aquí y asegurar que un cierto aspecto de ti se queda después de que te hayas ido. Pero también puedes programar su mente con filtros adicionales. Por ejemplo, cada vez que te marcas una meta o una intención, estás programando tu mente para que te ayude a atraerlo y lograrlo.

Está insertando una nueva orden en tu SAR. A continuación, empezará a filtrar esos diez millones de bits de datos en cada momento para seleccionar lo que es relevante para tu objetivo o intención. Pero, ¿cómo puedes programar tu SAR?

La mejor manera de introducir una nueva orden en tu cerebro es con un objetivo o intención que cumpla estas tres cualidades:

1. Emocional
2. Imágenes nítidas
3. Repetirse

En otras palabras, el objetivo debe ser alimentado con emoción (amor, odio o el miedo son las principales); que tiene que tener la nitidez de una imagen (la mente responde a las imágenes); y tiene que repetirse (para instalarse en tu mente).

Cuando te he pedido que buscaras mariposas, estaba conectando temporalmente tu SAR para buscar mariposas. Sin una razón emocional para ver las mariposas, o una imagen clara de qué mariposa querías ver, y sin repetición, pronto te olvidarás de las mariposas. Esto es así para cualquier cosa que desees atraer o lograr.

Tu mente está diseñada para ayudarte a alcanzar tus objetivos, pero tienes que decirle lo que quieres. ¿Por qué no hacerlo ahora? Ésta es la manera:

1. Selecciona un deseo, meta o intención.
2. Busca una razón emocional para desearlo.
3. Crea o busca una imagen clara de ello.
4. Mira la imagen, y siente que lo deseas todos los días.

Naturalmente, todavía tienes que tomar medidas.

Wallace Wattles (de *The Science of Getting Rich*) dijo que lo que deseas llegará a través de medios naturales. No esperes de tu objetivo algo al estilo de una película de Hollywood, ni una producción como la de Harry Potter, pero acéptalo de buen grado si llega de ese modo.

Espera milagros, y haz lo que te motiva. Mientras tanto, disfruta de las mariposas.

Ayuda a París: el poder de la intención colectiva

Mientras escribo estas palabras a finales de 2015, la gente en París ha quedado traumatizada por los inesperados ataques contra ellos, y están preocupados por la familia, los amigos y su futuro bienestar. Mientras que el mundo todavía se está recuperando de los efectos de la guerra, muchas personas se están preparando para algo que podría ser peor.

Mientras oigo todo esto, oigo una mentalidad de víctima subyacente:

Somos víctimas de las tormentas.
Somos víctimas de ataques.
Somos víctimas de un gobierno mal gestionado.
Somos víctimas de los precios del gas, de la escasez de gas, de la inflación, de la recesión, de los impuestos, de las guerras y demás.

Voy a decir algo inusual que puede molestar a algunas personas. Espero que te inspire. Ahí va: tienes más poder de lo que piensas.

Si bien es posible que no quieras seguir el camino de la guerra, tampoco tienes que esconderte debajo de la cama. Por extraño que pueda parecer, creo que si bastantes de nosotros pensamos positivamente, podemos crear algún tipo de defensa. Podemos protegernos y proteger a nuestros seres queridos con nuestros pensamientos.

He descrito y demostrado esto con la investigación en la parte final de mi libro *El poder de la atracción.* Más de diecinueve estudios demostraron que cuando un gran grupo de gente mantiene intenciones positivas, esas intenciones se expanden y se convierten en realidad. Pedí a mis lectores que ayudaran a detener el huracán Rita hace casi diez años. Rita se detuvo. Pedí a mis lectores que ayudaran a parar los incendios forestales en

Texas hace varios años. Los incendios pararon. Pedí a mis lectores que ayudaran a mi madre moribunda hace varios años. Mi madre todavía está con nosotros. Juntos, también podemos hacer algo por París.

No digo que ignoremos la realidad actual. Te estoy pidiendo que crees una realidad mejor. Te estoy diciendo que no te quedes atrapado en el miedo. Te estoy pidiendo que actúes desde la fe. Si crees que un ataque te afectará a ti o a un ser querido, entonces ya te ha afectado: estás viviendo con miedo. Tu vida es oscura, sombría y estás enjaulado.

Los medios de comunicación consiguen a la perfección que nos azote el miedo, por lo que te sugiero que hagas caso omiso de los medios de comunicación. No es información; es propaganda. Por eso se llama programación. Consiguen que grandes grupos de personas piensen de manera negativa, lo cual, naturalmente, se convierte entonces en realidad. ¿Por qué no podemos hacer lo contrario?

¿Por qué no podemos hacer que grandes grupos de personas piensen en positivo? Sí, asegúrate de viajar con seguridad y de manera inteligente. Sí, asegúrate de cuidar de ti mismo y de tu familia. Sí, contribuye a cualquier causa en la que creas que ayude a las personas que lo necesitan en este momento. Pero comprueba también el almacén de tu mente:

> ¿Estás viviendo con miedo o con confianza?
> ¿Actúas desde el miedo o desde la fe?
> ¿Está centrado en lo negativo o estás haciendo algo para crear un resultado positivo?

Siempre tenemos que elegir.

Mi súplica es que los lectores de este manifiesto (tú), se detengan, respiren, y se centren en el amor; que recen o que de alguna manera positiva envíen una energía que ayude a disolver el miedo en nuestro interior y a nuestro alrededor. Te pido que hagas esto hoy.

Mientras escribía esto, me acordaba del famoso libro *Los mandamientos paradójicos: cómo hallar el sentido personal en un mundo loco* escrito por el doctor Kent M. Keith.

La gente es ilógica, poco racional y egocéntrica.
Aun así, ámala.

Si haces el bien, te achacarán motivos egoístas encubiertos.
Aun así, haz el bien.
Si prosperas en la vida, harás amigos falsos y enemigos verdaderos.
Aun así, intenta prosperar.
El bien que haces hoy, mañana habrá caído en el olvido.
Aun así, haz el bien.
La sinceridad y la franqueza te hacen vulnerable.
Aun así, sé sincero y transparente.
Los hombres y las mujeres más grandes, con grandes ideas, pueden ser derribados por los hombres y mujeres más pequeños.
Aun así, piensa a lo grande.
La gente prefiere a los perdedores, pero sólo sigue a los ganadores.
Aun así, lucha por los perdedores que tú elijas.
Lo que te ha llevado años construir puede destruirse de la noche a la mañana.
Aun así, construye.
Aunque los demás realmente necesiten ayuda, puede que arremetan contra ti cuando se la ofrezcas.
Aun así, ayuda a la gente.
Da al mundo lo mejor de ti y te escupirá en la cara.
Aun así, da al mundo lo mejor de ti.

Sé que puedes sentir que el pensar en positivo puede resultar una pérdida de tiempo.

Hazlo de todos modos.

Sé que puedes sentir que tus esfuerzos son insignificantes.

Hazlo de todos modos.

Sé que puedes preguntarte si la meditación en grupo realmente funciona.

Hazlo de todos modos.

Sé que puedes poner en duda si una oración ayudará.

Hazlo de todos modos.

Creemos el futuro positivo que queremos ahora mismo. Centrémonos en el espíritu. Centrémonos en el amor. Lo que te estoy pidiendo es que seas feliz, en este momento.

Sonríe.

Emite esa energía amorosa en dirección a París. Intenta que todos estén bien porque, en realidad, desde una visión espiritual de la vida, todo está bien. Podemos marcar una diferencia. Comienza contigo y conmigo.

¿Me acompañas?

El proceso de cuatro dimensiones: desencadenar la hipermanifestación para la riqueza

Un intento de visualizar la cuarta dimensión: toma un punto, estíralo formando una línea, dóblala formando un círculo, cúrvalo para formar una esfera y perfora esa esfera.

EINSTEIN

La percepción tiene un destino.

EMERSON

Estoy temblando mientras escribo esto. Este informe especial es mi primera explicación del proceso de la cuarta dimensión. Estoy emocionado. Funciona. Creo que es la llave para un nuevo mundo de posibilidades, ya que, en la cuarta dimensión, ¡cualquier cosa es realmente posible!

Deja que te lo explique (y te lo demuestre): la mayoría de las personas tratan de manifestar lo que quieren trabajando dentro de un conjunto de creencias limitantes inconscientes. Ellas no lo saben, pero su realidad actual fue creada por su forma de pensar inconsciente actual. Hasta que cambien su paradigma, será difícil crear ningún nuevo cambio radical y duradero, ya se trate de aumentar la riqueza o cualquier otra cosa. Sencillamente seguirán jugando en la misma zona de seguridad.

La ilustración de la página siguiente ayuda a explicar el tema:

La imagen muestra que el filtro que lo clasifica todo, desde las inspiraciones a las intenciones, está en la mente inconsciente. Este filtro es nuestro sistema de creencias. El hecho de que alguien permita algo en su vida (riqueza, romance o cualquier otra cosa) depende de lo que esté en su mente inconsciente.

Si, por ejemplo, tienen la creencia de que el dinero es malo, entonces esa creencia evitará que el dinero entre o permanezca. Al considerarlo malo, la persona se deshará del dinero con rapidez, pero rara vez sabrá por qué. Culparán por su falta de dinero a los demás y prácticamente nunca se mirarán al espejo. Excepcionalmente, o tal vez nunca, se les ocurrirá que sus creencias están creando sus resultados.

Para ayudar a resolver este problema, he creado un método para liberarse. Yo lo llamo el proceso de la cuarta dimensión, que es un guiño hacia donde tenemos que ir para crear una nueva realidad: fuera de nuestra realidad actual.

¿Fuera hacia dónde? Hacia lo que algunos llaman la cuarta dimensión. Para explicar este proceso, vamos a empezar con una línea recta:

Esa línea es un símbolo de una dimensión plana, lo que algunos podrían llamar la primera dimensión. Cuando la gente escribe afirmaciones, están tratando de crear un cambio dentro de una dimensión; una dimensión muy limitada y no muy poderosa. Tú puedes hacer cambios desde este punto de vista, pero no es fácil, ni rápido ni perdurable. Es demasiado unidimensional. Tiene poca energía. Después de todo, es sólo una línea.

Otro paso es visualizar lo que quieres. Esto añade profundidad al deseo, que hace que sea bidimensional, al menos en la percepción de la mente. Algunas personas utilizan un mural de visión para ello. Sencillamente crean un tablero con imágenes que representan lo que quieren tener, hacer o ser. Lo colocan donde mejor lo pueden ver, por lo general en la puerta de la nevera o en un espejo del baño.

Un mural de visión es una herramienta para comunicar deseos a la mente subconsciente. Mientras que algunos murales tienen múltiples deseos representados en ellos, un enfoque más potente sería tomar un deseo (tener un único enfoque), y utilizar una imagen significativa que lo represente.

Por ejemplo, quiero un Mercedes Gullwing S1300 clásico de 1955, generalmente considerado el primer superdeportivo del mundo. Cogería una imagen del coche real y la colocaría donde pudiera verla. Mirar la imagen del coche real y visualizarlo es un enfoque más bidimensional para crear, atraer o manifestar. Las imágenes son poderosas y se ha demostrado que funciona con cualquier cosa, desde los deportes, a la medicina o a los negocios. Pero todavía estás trabajando dentro de una dimensión limitada y dentro de las creencias limitantes actuales. Puedes imaginar la riqueza todo lo que quieras, pero si todavía crees que es mala para ti, no verás oportunidades de conseguirla. Si bien puedes lograr grandes resultados con imágenes, tienen limitaciones integradas. Sigue siendo una forma de vivir restringida y muy difícil de transformar.

Sin embargo, otro nivel superior es imaginar que ya tienes el coche, lo conduces, lo compartes con tus amigos, haciendo que te involucres con la imagen en sí. Esto es entrar en una experiencia de manifestación más tridimensional. En lugar de escribir una afirmación (primera dimensión) o ver el coche separado de ti (segunda dimensión), pasas a una experiencia casi holográfica en la que ya disfrutas del coche en tiempo presente, como si fuese real en este momento. Esto es moverse cerca de la tercera dimensión, la realidad física que todos compartimos como seres humanos, y hacer que el deseo sea lo más concreto posible. Esto es mejor, pero no lo mejor. Obviamente, los tres enfoques funcionan, pero con limitaciones.

- Escribir afirmaciones es plano y unidimensional, por lo que tiene poca capacidad (pero no nula) para crear un cambio. Vas a tener que escribir mucho y hacer muchas afirmaciones para sobrescribir los programas existentes en tu mente.

- Visualizar lo que quieres, ya sea un coche nuevo o una gran riqueza, es un paso en la segunda dimensión, ya que trae lo que quieres en tu vida a tu mente. Este enfoque le da a tu deseo más forma, color, profundidad y emoción, que es lo más importante para la segunda dimensión. Sin embargo, todavía estás limitado por lo que crees que es posible.

- La visualización interactiva de la tercera dimensión es muy parecida a tu experiencia del día a día: parece real. Así que imaginar que lo que quieres ya está hecho, y de modo tan real que podría parecer la realidad, acelerará tus resultados. Una vez más, incluso esta dimensión sigue trabajando dentro de lo que crees actualmente (pero probablemente sin saberlo).

¿Cómo puedes abandonar todas las limitaciones, todas las creencias limitantes y todos los modos de pensar restrictivos, y entrar en un mundo donde sabes que todo es posible y puede manifestarse desde ese lugar lleno de posibilidades?

Entra en la cuarta dimensión.

Empecé a considerar la idea de una cuarta dimensión a la realidad hace casi una década, después de leer un libro escrito en 1949 por Neville Goddard, *Out of this World.* Hay un capítulo en él llamado «Pensando en cuatro dimensiones».

He aquí un extracto:

«Ésta es una técnica que facilita encontrar eventos antes de que ocurran, para "llamar a las cosas que no son como si fuesen" [Romanos 4:17]. Las personas tienen la costumbre de menospreciar la importancia de las cosas simples; pero esta sencilla fórmula para cambiar el futuro fue descubierta tras años de investigaciones y experimentos.

»El primer paso para cambiar el futuro es el deseo, es decir: definir tu objetivo, saber sin lugar a dudas lo que quieres.

»En segundo lugar: construye un evento que creas que encontrarías al seguir el cumplimiento de tu deseo; un acontecimiento que implique el cumplimiento de tu deseo, algo que haga que la acción sea predominante.

»En tercer lugar: inmoviliza el cuerpo físico e induce un estado similar al del sueño, acuéstate en una cama o relájate en un sillón e imagina que tienes sueño; a continuación, con los párpados cerrados y tu atención centrada en la acción que vas a experimentar (en la imaginación), siéntete mentalmente justo en la acción propuesta, imaginando todo el tiempo que en realidad estás realizando la acción aquí y ahora. Debes participar siempre en la acción imaginaria, no te limites a dar un paso atrás y observar, sino que debes sentir que en realidad estás llevando a cabo la acción para que la sensación imaginaria sea real para ti.

»Es importante recordar siempre que la acción propuesta debe ser una que siga el cumplimiento de tu deseo; y, también, debes sentirte dentro de la acción hasta que tenga toda la viveza y la claridad de la realidad.

»Por ejemplo: supongamos que deseas un ascenso en el trabajo. Ser felicitado sería un evento que te encontrarías tras el cumplimiento de tu deseo. Después de haber seleccionado esta acción como la que vas a experimentar en tu imaginación, inmoviliza el cuerpo físico, e induce un estado similar al del sueño, un estado de somnolencia, pero en el que todavía seas capaz de controlar la dirección de tus pensamientos, un estado en el cual estés atento sin esfuerzo. Ahora, imagina que un amigo está de pie delante de ti. Pon tu mano imaginaria en la suya. En primer lugar siente que es sólida y real, y después inicia una conversación imaginaria con él en armonía con la acción. No te visualices a ti mismo siendo felicitado por tu buena suerte en la distancia desde un punto del espacio y desde un punto del tiempo. En lugar de eso, haz que otro lugar sea aquí, y el futuro ahora. El evento futuro es ahora una realidad en un mundo dimensionalmente más grande; y, curiosamente, el ahora en un mundo de dimensionalmente más grande equivale al aquí en el espacio tridimensional ordinario de la vida cotidiana.

»La diferencia entre sentirte a ti mismo en acción, aquí y ahora, y visualizarte en la acción como si estuvieras en una pantalla de vídeo es la diferencia entre el éxito y el fracaso.

»La diferencia se apreciará si ahora te visualizas a ti mismo subiendo una escalera. Luego, con los párpados cerrados imagina que hay una escalera justo delante de ti y siente que realmente estás subiendo por ella».

Neville nos estaba explicando una manera de crear una realidad tridimensional (en la que vivimos) a partir de una experiencia en la cuarta dimensión (de donde provienen las ideas). Estaba en el camino correcto, pero no pudo articular ni elaborar más detalles sobre el proceso con la claridad suficiente para ayudar a la mayoría de la gente. Tampoco era un hipnotizador ni un formador. Era un místico.

Tampoco fue el primero en hablar de una cuarta dimensión. En 1916, Claude Bragdon escribió un libro titulado *Four-Dimensional Vistas.* En la edición que tengo del año 1925, intenta describir esta nueva dimensión de la siguiente manera: «Nuestro espacio no puede contenerla, ya que no contiene espacio. No hay paredes nos separen de esta heredad, ni siquiera las paredes de nuestra prisión física; sin embargo, puede que no entremos a pesar de que ya estamos "allí". Es el lugar de los sueños, de los muertos vivientes; es *Más allá del viento del norte y Alicia a través del espejo*».

Además del libro pionero de Bragdon, existen numerosos trabajos sobre matemáticas y física teórica que describen una cuarta dimensión. Y no nos olvidemos de los escritores de ciencia ficción como Rod Serling y su quinta dimensión, a la cual llamó *Dimensión desconocida,* que solía ser más aterradora que esclarecedora. Estaba bien para la televisión, pero también señaló hacia otro mundo dentro de éste.

Lo que he hecho es tomar la semilla de una idea que Neville ofreció en 1949, y la he transformado en el Proceso de Transformación de Riqueza.

Ahora permíteme describir cómo funciona este proceso, usando el Gullwing 1955 como ejemplo:

Un enfoque unidimensional sería escribir una afirmación, como por ejemplo: «Ahora ya tengo el Mercedes SL300 Gullwing de 1955 (o algo mejor)». (Siempre utilizo la frase aclaratoria «Esto o algo mejor» para permitir la posibilidad de un resultado mejor de lo que mi mente pueda imaginar en la actualidad). Tendría que escribir esa línea quinientas veces al día, todos los días, durante quién sabe cuánto tiempo, para que pudiera hacer mella en mi inconsciente. Es un método demasiado plano para una manifestación rápida.

Un enfoque de dos dimensiones sería visualizar el coche. Yo iría añadiendo profundidad y longitud al deseo, lo cual ayuda a que cobre vida, al menos mentalmente. Dado que el subconsciente responde a imágenes, éste es un paso en la dirección correcta. Pero podría mirar la imagen todos los días durante meses o años y nunca atraer el coche real. No es suficiente.

Un enfoque de tres dimensiones sería imaginarme a mí mismo conduciendo el coche, siendo propietario del coche, aparcando el coche, sosteniendo las llaves del coche, sacando fotos del coche y demás. Como esto me agrega activamente en las imágenes, introduciría la petición en lo más profundo de mi mente con mayor rapidez. Eso es bueno.

Sin embargo, un enfoque de cuatro dimensiones sería imaginar que vivo en un mundo sin límites, sin creencias, sin restricciones, donde todo es posible, ya que alberga la inmensidad del tiempo y el espacio. Este reino abierto a todas las posibilidades es donde me gustaría ir mediante la inducción a un trance, o con un hipnotizador o un formador que me guíe hacia allí, y pretender que ahora estoy en el mundo de ensueño que precede a este mundo concreto. Estoy en la Pizarra Blanca (por usar un término de mis libros, como *Cero límites*) de todos los comienzos.

En esta cuarta dimensión, simplemente permitiría que el coche entrara en mi vida. No tendría que quererlo, desearlo o anhelarlo; sería mío por la misma naturaleza por la que todo vale en esta otra dimensión. Simplemente lo permitiría, lo aceptaría, y lo acogería. Sin adicción. Sin apegos. Sin necesidad. Sin estrés.

Mientras que este último paso puede parecer excéntrico o esotérico, hay suficientes escuelas de misterio y estudios metafísicos que afirman que aquí es donde comienza toda la vida.

Obviamente, añadir Miracles Coaching®, hipnosis, inducciones de audio grabadas guiadas, o El Proceso del Recuerdo, serían grandes herramientas para hacer esta cuarta dimensión más accesible. Después de todo, la gente todavía puede entrar en su versión de la cuarta dimensión y todavía tiene límites, creencias u obstáculos que evitan que creen de una forma abierta. Puede que todavía vean la realidad a través del filtro de sus creencias inconscientes. Por eso creo que seguir un Entrenamiento de Milagros, o trabajar con un hipnotizador preparado, todavía será necesario para la mayoría de la gente. (Nota: Mathew Dixon y yo creamos Fourth Dimension Music para acompañar cualquier tipo de hipnosis, entrenamiento o proceso de recuerdos que cualquiera podría añadir para entrar en la cuarta dimensión. Visita www.TheFourthDimensionMusic.com).

¿Cómo funciona este proceso? Prepárate. Esto es lo que me ocurrió ¡un día después! de haber realizado este proceso de la cuarta dimensión con ese original Mercedes Gullwing de 1955:

En primer lugar, sentía que debía averiguar cuánto costaba en realidad el coche de época. El precio no aparecía en el sitio web. Llamé, hablé con el dueño, y me dijo que este impecable de colección en particular podría venderse por sólo un 1.950.000 dólares. Le di las gracias. Colgué. No me desanimé, ya que lo único que estaba haciendo era la buscar información. Simplemente la archivé en mi mente y pensé: «Me pregunto de dónde saldrá el dinero» y «Este coche o algo mejor».

En segundo lugar, a la mañana siguiente me sentí inspirado para buscar en eBay alguna publicación de coches Gullwing. Había varios modelos de automóviles de juguete a la venta, y pujé por uno. Me imaginé que tener versión a pequeña escala del coche real podría ayudarme a experimentar el coche de una forma más de tridimensional: tendría forma, contornos, líneas, y demás. Podría sostenerlo e imaginar el coche real.

Cuando todavía estaba en eBay, vi un Gullwing a la venta. Me sorprendió. Mercedes ha fabricado coches Gullwing modernos a lo largo de los años, y yo tuve uno hace años, pero no me gustaba su volumen ni su potencia. Pero esta publicación era de un coche de réplica construido en 2007. El coche era exactamente igual a un Mercedes 300SL Gullwing de 1955, pero en realidad estaba fabricado a mano, con un motor y transmisión de un Chevy, para hacer la réplica.

Eso me atrajo al instante, sobre todo porque el coche original no tenía aire acondicionado, y esta versión lo tenía. (Hay material de archivo interesante en Internet de personas que conducen coches Gullwing originales por la carretera con las puertas abiertas y balanceándose, tratando de conseguir un poco de aire). Y ahí está el valor añadido de tener un coche más nuevo, con piezas con las que cualquier concesionario podría trabajar o sustituir.

Inmediatamente vi este anuncio como una oportunidad del tipo «Esto o algo mejor». Escribí al vendedor y le pedí información sobre el coche. Él respondió rápidamente, y sus respuestas me entusiasmaron aún más. Decidí pujar por el coche.

Me preocupaba un poco que la subasta se descontrolara, como suele pasar con las subastas, y que la puja se disparara más allá del valor real del coche. Pero entonces recordé que en la cuarta dimensión no hay límites de tiempo ni de espacio. Simplemente tendría el coche y me olvidaría de cómo llegó a mí. Así que abandoné mi preocupación.

Y entonces el vendedor se puso en contacto conmigo de nuevo. Ya tenía numerosas ofertas (más de un centenar, de todo el mundo) para el coche, pero dijo que si llegaba a un poco menos de su precio de reserva, terminaría la subasta y me vendería el coche en ese momento. Él no tendría que esperar varios días por su dinero ni preguntarse por cuánto se vendería el coche o dónde iría a parar. Él habría terminado y yo tendría el coche. Todos salimos ganando.

El coche, nuevo, se vendió por 180.000 dólares. Sólo se habían fabricado una docena. Todavía estaba impoluto, funcionaba a la perfección, y sólo tenía 1000 kilómetros. En mi mente ya había decidido que lo quería, pero no iba a pagar más de 100.000 dólares por él. El vendedor quería 89.000. Le ofrecí 80.000 y aceptó.

El coche está en proceso de envío en este momento. Lo tendré en una semana, ¡después de usar el proceso de la cuarta dimensión hace apenas veinticuatro horas!

Todo esto sucedió tan rápido, tan fácilmente y con tan poco esfuerzo, que todavía estoy estremecido (de un modo alegre) y procesando la experiencia.

Y recuerda: quería el coche desde hacía casi una década, lo tuve en un mural de visión durante casi dos años, soñaba con él y hablaba de él, pero en realidad no lo atraje hasta el día después de realizar el proceso de la cuarta dimensión ¡una única una vez!

Como escribí al principio, este informe especial es mi primera explicación del proceso de la cuarta dimensión. Estoy emocionado porque funciona. Una vez más, creo que es la llave mágica de un nuevo mundo de posibilidades milagrosas para las personas, ya que, en la cuarta dimensión, ¡realmente cualquier cosa es posible!

Mi Gullwing es la prueba. El único problema es que ahora tengo que manifestar otra plaza de aparcamiento.

Dentro del credo

A lo largo del manifiesto, has conocido al principal arrendatario del millonario concienciado: «El credo del millonario concienciado».

En el centro de todo lo que haces como millonario concienciado está el credo. En cada acción que tomas, cada dirección intuitiva que sigues, cada intención que estableces y en cada decisión que tomas se encuentra el credo.

Tu pasión, tu propósito y tu misión están en alineación directa con el credo. Es la piedra angular de todo tu viaje. Y mientras tú serás una expresión única del millonario concienciado, todos usamos este credo que nos guía y nos une.

Así que es importante que entiendas lo que es cada elemento del credo, lo que significa, y cómo traducirlo a la realidad.

Vamos a empezar.

Los millonarios concienciados están motivados en primer lugar por su pasión, su propósito y su misión

No existe un millonario concienciado sin pasión, propósito y misión. Es, y siempre será, la fuente de tu dirección, tu fuerza y tu luz. Si te anclas a ti mismo con firmeza en tu pasión, tu propósito y tu misión, nunca te apartarás del camino. Es el norte de tu brújula interna.

Mientras viajabas conmigo a través de este manifiesto, experimentaste aspectos interesantes y oportunidades que te están esperando. Tal vez sea la emoción de una relación transformada con el dinero. Tal vez sea activar el poder fundamental de tu intuición. Tal vez sea la idea del dinero y el alma trabajando juntos en armonía para elevarte a ti y a tu misión hacia el nivel de resonancia en el que es capaz de convertirse.

Pero a menos que tengas clara tu misión, te guíes por tu pasión y estés anclado en tu propósito, vagarás sin rumbo a través de esta aventura. Ésa no es una opción.

Tu pasión es la resonancia de tu alma, el inmenso impulso que guía tu corazón y el caramelo para tu imaginación. Allí donde encuentras tus grandes amores en la vida es donde encuentras tu pasión. Allí donde invertirías todo tu tiempo y dinero si no tuvieras barreras es donde se encuentra tu pasión. Encuentra tu pasión y no la sueltes.

Tu finalidad es la articulación de tu pasión en el mundo real. Así es como pones tu pasión en acción. ¿Cómo encuentras tu propósito? Escuchando con atención la llamada de tu alma. No puedes forzarlo. No puedes esculpirlo con tu intelecto. Debes encontrar el punto interno de resonancia pura que te habla. Y hasta que encuentras ese propósito, esa expresión de tu pasión, no avanzas. En lugar de eso, te vuelves hacia adentro, abres los oídos de tu alma y escuchas a la voz que te indica dónde tienes que ir. Lo encontrarás si es que no es ya evidente. Sé paciente y permanece alerta, ya que todos tenemos dentro de nosotros una finalidad creciente. Simplemente debemos permanecer abiertos.

Combina tu pasión con tu propósito y ya tienes tu misión como millonario concienciado. Esto se convierte en tu base inamovible. La vida da muchos giros y vueltas. Pero tú has extendido tus raíces con tu misión y serás capaz de doblarte con el viento sin perder tu conexión con la tierra. Tal vez tu misión sea evidente en todo lo que haces. Tal vez sea simplemente comprender algo que sólo tú necesitas saber. Pero sea lo que sea, se puede ver en todo lo que haces.

Encuentra tu pasión. Encuentra tu propósito. Encuentra tu misión. Ése es el camino del millonario concienciado.

El millonario concienciado utiliza el dinero como una herramienta inspiradora para causar un impacto positivo

El millonario concienciado camina con una relación transformada con el dinero. No existe una zona gris. No existen dudas sobre el carácter neutro del dinero. La idea de que el dinero tiene el control sobre ti es lejana. Es el viejo tú.

El dinero está ahora a tu disposición para expresar tu misión y dirigir las intenciones de tu alma. Tú lo llenas con tu vocación, con tu propósito inspirador y dejas que apoye tu misión. Siempre lo utilizas como una herramienta para la creación de un impacto en este mundo. Sólo a través de esta relación con el dinero puedes convertirte en el millonario concienciado que marca la diferencia en el mundo a su alrededor.

No hay nada malo en disfrutar de los lujos que el dinero te puede ofrecer. Ésta no es una llamada para que dones todo tu dinero. Ésta no es una llamada para que sigas el estilo de vida de un asceta. Disfruta de los beneficios del dinero. Disfruta de los gustos del lujo. Disfruta de los beneficios que el dinero puede traerte.

Pero nunca pierdas de vista el fin último del dinero: ayudar a traducir tu misión en un impacto que el mundo sentirá durante las generaciones venideras.

El millonario concienciado está continuamente empoderado y cree totalmente en sí mismo

Tú eres un ejemplo brillante de poder para todos los que se encuentran contigo. En un mundo que sufre de la mentalidad del victimismo, tú has trascendido estos viejos vínculos y has conseguido el empoderamiento verdadero. Has reivindicado la responsabilidad de tu vida en todos los aspectos. Has entendido que la naturaleza fundamental del empoderamiento no se consigue tratando de controlar todo lo que le sucede. Tú entiendes que el empoderamiento se consigue asumiendo la responsabilidad de cómo responder ante cada situación que te encuentres, ante cada desafío que se presente y ante cada obstáculo que pueda aparecer delante de ti.

Lleva esta antorcha de empoderamiento, y creerás de manera natural en ti mismo. Ambas cosas van de la mano. No puedes estar lleno de poder sin creer en ti mismo, ya que el empoderamiento viene con algo sencillo de comprender: no importa a lo que te enfrentes, ya estás listo, dispuesto y eres muy capaz de manejar cualquier cosa, no importa lo difícil o monumental que sea.

El millonario concienciado está comprometido a crecer, mejorar, reinventar y descubrir siempre

Entiendes implícitamente que no existe el estancamiento en la vida de un millonario concienciado. Convertirse en un millonario concienciado no es un punto inmóvil que alcanzar. Convertirse en un millonario concienciado es un espacio, un modo de pensar y una corriente que cambia constantemente con los caprichos de la vida. Si te quedas quieto y rechazas el cambio, volverás a un estilo de vida estancado, y tu misión sufrirá.

Por eso estás ahora y para siempre comprometido con el crecimiento. Te has comprometido a forzarte a ti mismo a aprender nuevas habilidades, mejorar tus dones, reinventarte a ti mismo como un alma en perpetua evolución, y descubrir los tesoros ocultos de la vida que sólo encuentras cuando acoges el espíritu de aventura. Nunca estás estancado. Estás creciendo continuamente.

El millonario concienciado es inquebrantable audaz, asume riesgos y no duda

Mientras que otros se acobardan ante la idea del riesgo y las decisiones drásticas, tú la aceptas con todos los aspectos de tu ser. Mientras que otros sienten miedo, tú sientes alegría y aventura. Eres audaz. Siempre serás audaz. Tú prosperas con acciones audaces.

Asumes riesgos porque entiendes que es la única manera de descubrir nuevas oportunidades. Asumes riesgos porque entiendes que lo que otros llaman fracaso es en realidad una simple retroalimentación y una oportunidad de crecimiento. No te da miedo la idea del fracaso. Lo aceptas. Tú encarnas esa ausencia de miedo.

Como resultado, nunca dudas. Puede que vayas más despacio para considerar tus opciones, pero nunca dudas por miedo. Eres intrépido. Eres audaz. Tú entiendes que la recompensa sólo se encuentra en las acciones decisivas, porque el fracaso ya no es la realidad. Sólo existe el crecimiento.

El millonario concienciado se guía por la resonancia inspiradora de su intuición

Mientras que otros luchan contra la indecisión, tú te dejas llevar sin problemas a través de tu aventura, paso a paso. Mientras que otros experimentan la parálisis por sobreanalizar todo, tú estás equipado con el arma secreta del millonario concienciado: tu intuición.

La intuición es un canal directo a tu propósito inspirador. Es una expresión de tu naturaleza divina. Entiende qué hay que hacer de un modo más rápido y más exhaustivo que tu mente consciente y lógica jamás podría comprender. Es la piedra angular de tu toma de decisiones.

Mientras que otros están maravillados ante tu capacidad para elegir el mejor camino para tu viaje, tú entiendes que en realidad estás tomando el camino fácil. Simplemente estás confiando en tu intuición, pues tu intuición siempre te llevará donde tienes que ir, incluso si tu mente consciente no puede entender por qué. Tienes plena confianza en tu intuición, así que nunca flaqueas.

El millonario concienciado sabe que la riqueza es todo lo que tiene, no sólo dinero

Tú, como millonario concienciado, eres la encarnación de la riqueza. Entiendes que la riqueza es todo lo que tienes, no sólo tu dinero. Si pierdes todo tu dinero, todavía serás rico. En esta comprensión de la riqueza, encuentras el arsenal completo de herramientas a tu disposición. Sí, el dinero te puede proporcionar un gran poder para causar un impacto. Puede ser una herramienta poderosa e inspiradora para realizar tu misión. Pero es sólo una herramienta entre muchas.

Tu riqueza se compone de tus habilidades, tus talentos, tu pasión, tu propósito, tu misión, tu flexibilidad, tus recursos, tus círculos, tu apoyo y tu poder personal.

Y a medida que te engrandeces a ti como millonario concienciado, siempre engrandeces tu riqueza al mismo tiempo.

El millonario concienciado siente una profunda gratitud por todo lo que tiene y lo que logra

El millonario concienciado no da nada por sentado. Entiendes que todos los aspectos de tu vida, tu éxito y tu trayectoria, son un regalo, e irradias esa gratitud en todo lo que haces. La gratitud no sólo es la forma de vida evolucionada, es una poderosa herramienta en manos del millonario concienciado. Otros gravitan hacia la expresión de gratitud. Es un imán para personas que te apoyarán, te ayudarán a engrandecerte y, en definitiva, a seguir adelante.

La gratitud siempre viaja a tu núcleo. Es tu compañera constante. La vida es valiosa. Tu riqueza es valiosa. Tu misión es valiosa, y nunca lo olvidas.

El millonario concienciado está conectado de manera permanente a la abundancia universal

El millonario concienciado nunca piensa que no hay suficiente. Ves que a tu alrededor, todos los días, existen oportunidades para traer abundancia a tu vida próspera. La cantidad de dinero en circulación alcanza los billones de dólares en cualquier momento. Nunca hay escasez.

Te conviertes en un maestro en aprovechar esta abundancia universal. Allí donde vas, la abundancia va detrás. No tienes trucos para crear abundancia. No buscas atajos ni soluciones rápidas. Simplemente estás en contacto, conectado permanentemente a la abrumadora abundancia que nos está esperando a todos nosotros.

El millonario concienciado es generoso, ético y se centra en el bien de los demás

El millonario concienciado nunca es egoísta, egocéntrico o codicioso. Todos tus esfuerzos personales y empresariales tienen sus raíces en sólidos principios éticos y siempre se centran en el bien de los demás. Irradias la generosidad y el espíritu de donación que te rodean para que todos lo vean.

Al mismo tiempo, entiendes que esta filosofía de acción basada en la mejoría de los demás es, de hecho, uno de los secretos de la abundancia en sí. Mientras que algunos están atrapados en un bucle de avaricia y de interés, están ciegos ante el hecho de que, si bien pueden obtener beneficios a corto plazo, nunca alcanzarán el nivel de éxito y satisfacción a disposición de aquellos que tienen sus raíces en la generosidad y la acción ética.

Los millonarios concienciados luchan para que todos salgan ganando

La relación en la que todos salen ganando es un paso adelante desde una perspectiva avariciosa sobre las ganancias, pero el millonario concienciado siempre se esfuerza por ir un paso más allá. Tú luchas por la relación en la que todos salen ganando: tú sales ganando, tu socio o tu cliente sale ganando y, como consecuencia, el mundo que te rodea sale ganando.

La relación en la que todos salen ganando es una expresión de la comprensión de la interconexión inherente del mundo. Cada aspecto de nuestras acciones se propaga y afecta a todo lo que hay en nuestro camino. Así que no sólo somos responsables del efecto de nuestras acciones, sino que entendemos que en este orden natural existe una oportunidad de expandir nuestro impacto y marcar una gran diferencia.

El millonario concienciado siempre pregunta: «¿Cuánta gente puede salir ganando con esta decisión? ¿Cómo puedo multiplicar el impacto que puedo provocar?».

El millonario concienciado comparte con el alma sus dones empresariales

El millonario concienciado es el emprendedor. Es la forma en que transformas tu pasión en beneficio, y tu misión en dinero inspirador. Al mismo tiempo, el millonario concienciado infunde su propósito inspirador y su misión en cada proyecto empresarial. Tu negocio es una expresión de tu alma. Tus productos o servicios son una expresión de tu misión. No existe una desconexión entre lo que eres y lo que ofreces a los clientes que atiendes. No existe tal separación.

Tu negocio es una extensión de ti mismo. Es una representación de ti mismo. Siempre respetas el poder que tienes como empresario y tratas cada decisión de negocios con la seriedad adecuada.

El millonario concienciado predica con el ejemplo como el catalizador para la transformación en los demás

No importa cuál sea tu misión individual, la transformación de los demás es una misión que se encuentra en cada millonario concienciado. Tú predicas con el ejemplo. Transformas a los demás predicando con el ejemplo. En el núcleo de éste existe un conocimiento: cuantas más personas sigan el «credo del millonario concienciado», cuantas más personas se dediquen a marcar una diferencia, a engrandecerse a sí mismas y su relación con el dinero, y a luchar por la trascendencia de todas las almas... más nos beneficiaremos todos, más nos transformamos, más llegaremos a ser brillantes ejemplos de una existencia inspiradora.

Entiendes que vivimos en un mundo con problemas. Ya sea el sufrimiento de los demás, la injusticia, la pobreza, la enfermedad o un medioambiente al borde del desastre, sabes que necesitamos que todo el mundo ponga su granito de arena. Sabes que cada persona que traigas a la vida a través de este credo es otra persona empoderada y comprometida a ayudarnos a todos nosotros a mejorar nuestra posición en la vida.

Tú no predicas, no haces proselitismo. Tú predicas con el ejemplo. Los demás te observarán, aprenderán, se fascinarán y se inspirarán.

Tu siguiente paso

Ahora ya tienes las bases del millonario concienciado a tu alcance. Ahora entiendes las oportunidades que te esperan. Entiendes el poder del «credo del millonario concienciado». Entiendes la nueva relación con el dinero que te está esperando... y lo que puede significar para tu impacto. Entiendes lo indefenso que has estado atrapado en la mentalidad de víctima y lo poderoso que puedes llegar a ser la hora de asumir la responsabilidad de todas tus acciones. Entiendes cómo estás formado por tu pasión, tu propósito y tu misión. Entiendes cómo el millonario concienciado enfoca la iniciativa empresarial. Entiendes el camino fundamental para transformar tu pasión en beneficio. Pero ¿qué es lo siguiente?

¿Cómo das el siguiente paso para transformarte en el millonario concienciado?

¿Cuál es el siguiente paso para transformar este manifiesto en el nuevo despertar que buscas?

Hay una forma viable de avanzar.

He creado la Academia del millonario concienciado para darte los pasos exactos que debes seguir para realizar la transformación definitiva en el millonario concienciado. Este avanzado enfoque paso a paso no deja ninguna duda. Te proporciona las habilidades y conocimientos que necesitas. Te da el siguiente paso. Te muestra las ocho leyes para transformar el dinero en tu herramienta inspiradora definitiva. Te muestra los cuatro pasos hacia el despertar. Te enseña cómo pensar, cómo actuar y qué medidas tomar. Te enseña cómo hacer realidad tus sueños empresariales. Te muestra los pasos prácticos para transformar tu pasión en beneficio. Te enseña todo lo que necesitas para elevar, acelerar y realizar tu transformación y, como propietario del manifiesto, obtienes un acceso sin precedentes que nadie más tiene.

Te está esperando aquí:

www.awakenedmillionaireacademy.com/begin

Gracias por emprender este viaje conmigo. Espero que te unas a mí en el viaje que queda por delante. Juntos, podemos transformar el mundo.

Con cariño,

Joe

P. D.: También te invito a que eches un vistazo a Miracles Coaching® en www.MiraclesCoaching.com

Recursos

Millonario concienciado	www.awakenedmillionaireacademy.com
Dr. Joe Vitale	www.JoeVitale.com
Miracles Coaching®	www.MiraclesCoaching.com
Música de la cuarta dimensión	www.TheFourthDimensionMusic.com
Hypnotic Gold	www.HypnoticGold.com
Twitter del Dr. Vitale:	https://twitter.com/mrfire
Facebook del Dr. Vitale:	https://www.facebook.com/drjoevitale
Blog del Dr. Vitale:	http://blog.mrfire.com/
Música de autoayuda	www.allhealingmusic.com
Statbrook	http://statbrook.com/wp/
Mandamientos paradójicos	www.paradoxicalcommandments.com/
Meditación en grupo	www.worldpeacegroup.org/world_peace_through_meditation.html
Secret Prayer	www.thesecretprayer.com

Bibliografía

AUDLIN, MINDY: *What If it All Goes Right?* Morgan James: Nueva York, 2010.

BARTON, BRUCE: *The Man Nobody Knows.* Bobbs-Merrill: Nueva York, 1925.

—: *What Can a Man Believe?* Bobbs-Merrill: Nueva York, 1927.

BOWEN, WILL: *A Complaint-Free World.* Harmony: Nueva York, 2013.

BRAGDON, CLAUDE: *Four-Dimensional Vistas.* Knopf: Nueva York, 1925.

BREUNING, LORETTA: *Beyond Cynical.* Inner Mammal Institute: San Francisco, 2013.

BRISTOL, CLAUDE: *The Magic of Believing.* Pocket Books: Nueva York, 1948.

CARNEGIE, DALE: *How to Win Friends and Influence People.* Simon & Schuster: Nueva York, 1936. (Trad. cast.: *Cómo ganar amigos e influir sobre las personas.* Elipse: Barcelona, 2008).

CARR, ALLEN: *Packing It In.* Penguin: Nueva York, 2005.

DIXON, MATHEW: *Attracting for Others.* Zero Limits: New Braunfles, Texas, 2012.

EBELING, MICK: *Not Impossible.* Atira Books: Nueva York, 2015.

FORD, DEBBIE: *The Dark Side of the Light Chasers.* Penguin: Nueva York, 1999. (Trad. cast.: *Los buscadores de luz.* Diagonal/Grup 62: Barcelona, 2001).

FOX, EMMET: *The Mental Equivalent.* Unity: Life Summit, Misuri, 1932.

GAGE, RANDY: *Risky Is the New Safe.* John Wiley & Sons: Hoboken, Nueva Jersey, 2012.

GODDARD, NEVILLE: *Out of This World: Thinking Fourth-Dimensionally.* Martino Books: Eastford, Connecticut, 2010.

—: *The Neville Reader.* DeVorss: Camarillo, California, 2005.

KEITH, KENT: *Anyway: The Paradoxical Commandments.* Putnam: Nueva York, 2001. (Trad. cast.: *Los mandamientos paradójicos: cómo hallar el sentido personal en un mundo loco.* Temas de Hoy: Madrid, 2002).

LANDRUM, GENE: *The Superman Syndrome.* iUniverse: Nashville, Tennessee, 2005.

LAPIN, DANIEL: *Thou Shall Prosper.* John Wiley & Sons: Hoboken, Nueva Jersey, 2009.

LARSON, CHRISTIAN D.: *Your Forces and How to Use Them.* L.N. Fowler: Londres, 1912.

MALTZ, MAXWELL: *Psycho-Cybernetics.* Pocket Books: Nueva York, 1989. (Trad. cast.: *Psico cibernética: el secreto para mejorar y transformar su vida.* Open Project Books: Madrid, 1999).

MCLAUGHLIN, CORINNE y DAVIDSON, GORDON: *The Practical Visionary.* Unity: Minneapolis, Minnesota, 2010.

PATENT, ARNOLD: *Money.* Celebration Publishing: Kansas City, Misuri, 2005.

PILZER, PAUL ZANE: *The Next Millionaires.* Momentum Media: Nueva York, 2006.

VITALE, JOE: *Zen and the Art of Writing.* Westcliff Publications: San Diego, 1984.

—: *The Attractor Factor.* John Wiley & Sons: Hoboken, Nueva Jersey, 2006. (Trad. cast.: *El poder de la atracción: cinco pasos sencillos para crear paz interior y opulencia exterior.* Ediciones Obelisco: Barcelona, 2008).

—: *Life's Missing Instruction Manual.* John Wiley & Sons: Hoboken, Nueva Jersey, 2006.

—: *There's a Customer Born Every Minute.* John Wiley & Sons: Hoboken, Nueva Jersey, 2006.

—: *The Seven Lost Secrets of Success.* John Wiley: Hoboken, Nueva Jersey, 2007.

—: *The Secret to Attracting Money.* Curso de audio. Nightingale-Conant: Chicago, 2008.

—: *Attract Money Now.* Hypnotic Marketing: Austin, Texas, 2009.

—: *Miracles Manual.* Tres volúmenes. Gratuito en www.miraclesmanual.com

—: *The Secret Prayer.* CreateSpace: Austin, Texas, 2015.

—: *The Awakening Course.* John Wiley: Hoboken, Nueva Jersey, 2016.

VITALE, JOE y BARRETT, DANIEL: *The Remembering Process.* Hay House: San Diego, California, 2014.

WATTLES, WALLACE: *Financial Success Through Creative Thought or The Science of Getting Rich.* Elizabeth Towne: Holyoke, Massachusetts, 1915.

YOUNG, VASH: *A Fortune to Share.* Bobbs-Merrill: Nueva York, 1931.

Acerca del autor

El doctor Joe Vitale (que una vez fue un indigente pero ahora es un *inspirador* motivador conocido por sus millones de fans como «Mr. Fire»), es el autor mundialmente conocido de numerosos libros superventas, como *El poder de la Atracción, Cero límites,*[1] *Life's Missing Instruction Manual, La plegaria secreta*[2] y *Attract Money Now* (gratis en www.AttractMoney-Now.com).

Es uno de los protagonistas de la exitosa película *El secreto*, así como de una docena de películas más. Ha grabado numerosos programas de audio superventas, como *The Missing Secret* o *The Zero Point*. También es el primer cantautor de autoayuda del mundo, con quince álbumes publicados y muchas de sus canciones nominadas a los Premios Posi (considerados los Grammy de la música positiva). También ha viajado por el mundo como un motivador orador público, visitando países como Rusia, Perú, Kuwait, Polonia, Bermudas e Italia.

Creó Miracles Coaching®, www.MiraclesCoaching.com, The Awakening Course, The Secret Mirror, Hypnotic Writing y muchos más productos para transformar la vida. Vive en Austin, Texas, con su esposa, Nerissa, y sus mascotas. Su sitio web principal es www.JoeVitale.com

Únete al movimiento del millonario concienciado

www.awakenedmillionaireacademy.com/begin

1. Publicados por Ediciones Obelisco.

2. Publicado por Ediciones Obelisco.

Consigue una consulta gratuita de Miracles Coaching® en:
www.MiraclesCoaching.com

Sigue al doctor Joe Vitale

Twitter: https://twitter.com/mrfire
Facebook: https://www.facebook.com/drjoevitale
Blog: http://blog.mrfire.com/

Índice analítico

A

Abundance Paradigm, The 171
abundancia 13, 35, 41, 57, 58, 96, 97, 107, 129, 134, 161, 171, 172, 173, 174, 175, 176, 177, 178, 179, 180, 181, 182, 183, 184, 185, 189, 226, 227, 247
actitud 24, 43, 96, 130, 138
ADN 103
afirmaciones 60, 102, 212, 214
agradecimiento 95
agricultores 108, 189
ahorrar 45, 109
alma 14, 23, 29, 32, 33, 34, 38, 39, 40, 46, 48, 55, 62, 65, 75, 76, 79, 81, 82, 83, 84, 90, 92, 95, 99, 103, 108, 127, 128, 130, 132, 134, 135, 146, 147, 149, 150, 152, 156, 157, 160, 161, 162, 163, 169, 222, 223, 224, 227
amor 21, 25, 34, 35, 39, 40, 51, 55, 66, 76, 82, 118, 133, 135, 139, 140, 143, 145, 152, 169, 174, 175, 178, 179, 180, 193, 204, 208, 209
arma secreta 89, 93, 155, 158, 225
artes marciales 84
Attract Money Now 109, 234, 237
audacia 93, 158
Audlin, Mindy 68
autenticidad 105
autocrecimiento 86
autoestima 111
automejora 83
autosabotaje 58, 142, 178
autosuficiencia 77, 98, 99
avaricia 34, 35, 40, 135, 227
aventura 45, 46, 89, 92, 112, 128, 131, 132, 156, 159, 162, 163, 222, 224, 225

B

Barnum, P. T. 201
barreras 59, 62, 222
Bartmann, Bill 192
Barton, Bruce 37, 104, 233
BBDO 37, 104
beneficio 55, 79, 80, 93, 102, 103,

104, 107, 110, 122, 128, 150, 160, 174, 175, 227, 229
beneficios 17, 20, 37, 79, 103, 108, 121, 131, 150, 169, 223, 227
Bernays, Edward L. 200
Biblia 34, 192
bien de los demás 13, 119, 226
bloqueos mentales 57, 58, 142
Bragdon, Claude 216, 233
Branson, Richard 175, 200
Bridges to Reality 195
buscadores de luz, los 38, 233

C

cambio 15, 53, 54, 55, 58, 59, 72, 79, 81, 86, 98, 99, 108, 109, 118, 129, 131, 151, 152, 159, 161, 179, 211, 212, 214, 224
camino 16, 17, 18, 19, 20, 31, 46, 48, 57, 58, 76, 82, 86, 89, 90, 91, 93, 98, 105, 108, 127, 128, 129, 130, 131, 132, 146, 150, 155, 156, 157, 160, 169, 176, 181, 191, 195, 198, 207, 216, 221, 222, 225, 227, 229
Carnegie, Dale 103, 108, 233
Carr, Allen 38, 233
cero límites 16, 199, 217, 237
Cheese, Chuck E. 194
Cheever, Susan 60
claridad 169, 178, 193, 198, 215, 216
clientes 32, 78, 79, 97, 98, 101, 103, 104, 111, 113, 115, 119, 121, 122, 149, 150, 227
cohetes 200
Cómo ganar amigos e influir sobre las personas 233
compartir 39, 98, 101, 103, 105, 108, 141
competición 119
compromiso 86, 105, 122, 131, 133, 134, 149
comunicación 105, 208
comunidad 40, 53, 79, 99, 101, 115, 122, 134, 146, 162, 169, 185
conexiones 192, 198
conexión social 191
confianza 17, 47, 92, 93, 101, 103, 157, 180, 181, 198, 208, 225
confusión mental 72
contraintenciones 17, 57, 58, 142
control 30, 54, 55, 57, 58, 59, 62, 65, 67, 129, 133, 134, 138, 139, 161, 179, 223
control inspirador 134
conversación 67, 91, 92, 157, 215
convicciones 46, 64, 80, 131
corrupción 35, 40, 55
corrupción espiritual 55
creatividad 67, 72
crecimiento 81, 82, 83, 84, 85, 87, 119, 151, 152, 153, 192, 224
credo 11, 13, 38, 48, 78, 115, 121, 127, 163, 221, 228, 229
creencias 32, 33, 38, 54, 57, 58, 72, 107, 108, 142, 160, 178, 179, 195, 199, 211, 212, 213, 214, 217
cruce de caminos 90, 156
curiosidad 25, 85, 86, 99

D

decisión 61, 62, 63, 90, 91, 118, 129, 130, 132, 135, 156, 157, 179, 193, 199, 221, 227, 228
desafíos 48, 83, 118, 130, 138, 142, 150, 157, 160, 190
descubrimiento 66, 85, 86, 152, 156
despertar 17, 20, 34, 43, 49, 55, 73, 108, 109, 131, 134, 159, 160, 163, 196, 229
diezmo 177, 182
diferencia 15, 17, 44, 48, 60, 61, 78, 81, 83, 96, 104, 105, 109, 150, 152, 169, 196, 197, 200, 210, 215, 223, 227, 228
Disneylandia 76
Disney, Walt 75, 76, 183
Dixon, Mathew 217, 233
donar 102, 109, 177, 181, 188, 191, 192
dones 13, 82, 177, 180, 223, 224, 227
duda 13, 24, 58, 61, 78, 93, 143, 165, 209, 224, 229

E

Ebeling, Mick 68, 233
economía del regalo 52, 53, 54
ecosistema 150
ego 104, 179, 184, 185
emoción 33, 67, 73, 81, 134, 139, 140, 146, 152, 204, 214, 221
empoderamiento 142, 223
emprendedores 13, 99
empuje de manos 84
enfoque tolerante 31
entender 41, 44, 60, 61, 67, 73, 104, 110, 160, 189, 225
equilibrio 84, 110, 142, 181
escasez 33, 96, 97, 107, 174, 175, 177, 178, 179, 183, 187, 188, 207, 226
espejo 71, 72, 212, 213, 216, 246
esperanza 59, 76, 81, 103, 151, 162
espiritualidad 39, 40, 103, 146, 190, 197
ética 46, 61, 86, 103, 179, 227
ético 13, 179, 226
evolución 86, 122, 123, 152, 153, 159, 160, 224
éxito 11, 15, 17, 31, 32, 35, 37, 43, 46, 47, 58, 76, 78, 89, 93, 95, 104, 107, 113, 115, 128, 169, 189, 190, 192, 194, 197, 199, 200, 201, 215, 226, 227
expectativas 63, 64, 183, 200

F

facturas 19, 32, 34, 59, 64, 72, 95, 96, 107, 109, 134, 137
FBI Story, The 43
Ferrigno, Lou 63
fondos 17, 108
Ford, Debbie 38
Ford, Henry 81, 151, 194
fórmula 38, 39, 65, 75, 82, 110, 128, 135, 152, 214, 246
Fortune to Share, A 37, 235
Four-Dimensional Vistas 216, 233
fracaso 58, 68, 111, 112, 113, 192, 193, 215, 224

Franklin, Benjamin 52
Freud, Sigmund 200
fuerza positiva 15, 163
fundación benéfica 79
Fundación Hendrix 118

G

Gage, Randy 189, 233
gastar 108, 109, 182
generosidad 226, 227
Goddard, Neville 214, 233
Golden Rule 78, 101
Gran Depresión 37
gran idea 38
Gran Promesa 122, 123
gratitud 13, 95, 96, 97, 99, 134, 139, 169, 184, 226
guía 25, 39, 90, 92, 122, 127, 136, 155, 156, 159, 221, 222, 225
Gullwing 213, 216, 218, 219

H

Hamilton, Roger 191
herramienta 13, 17, 40, 51, 55, 76, 95, 96, 133, 135, 137, 203, 213, 222, 223, 225, 226, 229
Hitler, Adolf 61
hueco 146
Hypnotic Writing 16, 104, 237

I

idea 17, 19, 21, 33, 38, 44, 46, 59, 64, 68, 72, 79, 83, 86, 90, 107, 116, 134, 137, 138, 139, 141, 156, 157, 180, 181, 185, 195, 204, 214, 216, 221, 223, 224
idea 16, 121, 122, 246
ilusiones 196
imagen 135, 204, 212, 213, 216
imaginación 161, 196, 215, 222
impacto 13, 41, 55, 71, 82, 86, 89, 115, 118, 121, 128, 131, 134, 135, 136, 147, 150, 152, 155, 160, 161, 162, 163, 199, 222, 223, 225, 227, 229
improvisación 62, 89, 91, 92, 157
incomodidad 62, 66, 83
inconsciente 57, 62, 84, 85, 97, 204, 211, 212, 216
ingresos 32, 109, 169, 177, 178, 182, 192
Innovator Personality, The 194
inspiración divina 175, 180, 181
intangible 98, 177
integridad 105
intención 60, 84, 92, 130, 139, 146, 157, 158, 162, 169, 176, 181, 204, 207, 221
interés 6, 80, 103, 227
interior 29, 39, 40, 47, 55, 57, 58, 65, 85, 90, 91, 92, 99, 122, 128, 146, 155, 160, 199, 208, 234
intuición 13, 87, 89, 90, 91, 92, 93, 103, 116, 130, 146, 155, 156, 157, 158, 159, 169, 181, 221, 225
inventores 183
invertir 151

J

James C. Penney, Fundación 79
jazz 62, 91
Jimi Hendrix 118
Journey, The 195

K

Kay Ash, Mary 38
Keith, Ken M. 208, 234
Kemmerer, Wyoming 101
Kickstarter, programa 108
Knight, Robert 117

L

Lapin, Daniel 191, 234
libertad 15, 30, 33, 109, 117, 133, 134, 137, 139, 145, 163
librerías 98
limitaciones 17, 174, 178, 213, 214
llave, La 199, 211, 219
lluvia de ideas 93, 118

M

Magic of Believing, The 44, 233
mal 29, 31, 34, 35, 54, 55, 60, 71, 116, 133, 162, 163, 192, 207
Maltz, Maxwell 203, 234
mandamientos paradójicos, Los 208, 234
manifiesto 15, 17, 18, 19, 20, 21, 171, 172, 175, 208, 221, 229, 230
manifiesto de la abundancia 171, 172, 175
Man Nobody Knows, The 37, 233
marca 200, 223
mariposa 204
Masterminds Rolls-Royce Phantom 197
medidas coherentes 198
medios de comunicación 208
mejoría 156, 227
mentalidad 60, 63, 65, 99, 117, 138, 183, 207, 223, 229
mentalidad apocalíptica 99
mentalidad de víctima 63, 138, 207, 229
mente 34, 57, 58, 62, 63, 66, 72, 73, 83, 84, 90, 96, 101, 104, 118, 128, 129, 133, 139, 142, 146, 156, 157, 169, 171, 178, 190, 198, 200, 204, 208, 212, 213, 214, 216, 217, 218, 219, 225
mente subconsciente 57, 58, 62, 84, 96, 129, 139, 142, 213
Mercedes Gullwing, superdeportivo 213, 218
metáfora 41, 190, 191
miedo 11, 25, 58, 76, 87, 105, 129, 139, 142, 143, 174, 177, 184, 194, 199, 204, 208, 224
milagro 140, 184
milagros 205
millonario concienciado 3, 5, 6, 7, 13, 15, 17, 18, 19, 35, 41, 47, 48, 51, 55, 67, 68, 69, 71, 75, 76, 80, 81, 82, 85, 86, 89, 90, 91, 92, 93, 95, 96, 98, 99, 102, 103, 104, 107, 108, 109, 110, 111, 112, 115, 118, 121, 127, 128, 129, 130, 131, 134,

135, 136, 138, 142, 145, 146, 147, 149, 150, 151, 153, 155, 158, 159, 160, 161, 162, 163, 169, 221, 222, 223, 224, 225, 226, 227, 228, 229, 237
Miracles Manual, The 109, 234
misión 13, 18, 20, 31, 38, 39, 40, 41, 47, 48, 49, 55, 58, 63, 66, 67, 68, 69, 71, 72, 73, 75, 76, 77, 78, 80, 82, 84, 86, 87, 102, 103, 105, 111, 113, 115, 121, 122, 123, 127, 128, 130, 131, 135, 145, 146, 147, 149, 150, 151, 152, 155, 156, 159, 161, 162, 163, 176, 221, 222, 223, 224, 225, 226, 227, 228, 229
Modelo de negocio (Penney) 79, 101
moneda 52, 54, 55, 97, 135
Money 95, 109, 195, 234, 237
movimiento 15, 17, 18, 21, 23, 47, 60, 68, 90, 108, 115, 130, 141, 143, 150, 157, 159, 160, 163, 199, 237
mural de visión 213, 219
músicos de jazz 91
Muzik, Bruce 190

N

negociación 118
negocios 17, 37, 47, 52, 78, 87, 98, 103, 111, 150, 188, 194, 213, 228
Newsweek 191
Next Trillion, The 187
Niebuhr, Reinhold 61
Not Impossible 68, 233
nueva economía 98, 99

O

objetivo 19, 25, 34, 38, 44, 47, 66, 113, 127, 145, 147, 181, 203, 204, 205, 214
obstáculos 137, 197, 201, 217, 247
oportunidad 45, 46, 55, 96, 99, 112, 113, 116, 119, 132, 134, 137, 138, 180, 190, 218, 224, 227
opuestos 142
oración 60, 61, 169, 209, 247
Out of this World 214

P

pago 32, 53, 54
Palmstruch, Johan 52
Paradigm 171
paradigma 39, 51, 211
parálisis del análisis 130
París 207, 208, 210
pasión 13, 17, 21, 33, 34, 38, 39, 40, 41, 47, 48, 49, 54, 55, 58, 66, 67, 68, 69, 71, 75, 76, 78, 82, 85, 90, 93, 101, 102, 103, 105, 107, 110, 121, 122, 127, 128, 131, 135, 139, 145, 146, 147, 149, 150, 152, 155, 156, 159, 160, 162, 163, 169, 175, 176, 221, 222, 225, 227, 229
Patent, Arnold 95, 195, 234
Penney 77, 78, 79, 80, 101, 246
Penney, J. C. 77, 78, 79, 80, 101
pensamiento consciente 90
pensamiento crítico 89, 155, 156

perspectiva global 118
Pilzer, Paul Zane 187, 234
Pizarra Blanca 217
plegaria 60, 237
poder 16, 19, 29, 30, 32, 38, 39, 53, 55, 58, 59, 61, 62, 64, 65, 66, 71, 72, 73, 76, 84, 85, 96, 101, 104, 119, 123, 129, 133, 135, 137, 138, 139, 140, 141, 142, 143, 145, 150, 152, 155, 156, 159, 160, 161, 162, 163, 169, 181, 195, 196, 207, 221, 223, 225, 228, 229, 234
poder de la atracción, El 181, 207, 234
préstamos 31, 33, 95, 187
principios 37, 46, 171, 173, 178, 187, 195, 226
problemas 11, 31, 43, 54, 68, 107, 118, 134, 138, 182, 183, 194, 225, 228
proceso de cuatro dimensiones 211, 247
productividad 189
producto 21, 68, 102, 103, 104, 105, 108, 111, 113, 115, 119, 122, 150, 183, 189, 200
programación 44, 174, 208
propósito 13, 17, 31, 39, 40, 41, 47, 48, 49, 58, 66, 67, 68, 71, 76, 82, 93, 95, 96, 102, 103, 105, 111, 123, 127, 128, 131, 135, 145, 146, 147, 149, 150, 152, 156, 160, 161, 162, 174, 175, 178, 221, 222, 223, 225, 227, 229, 246
propósito oculto 111
prosperidad 11, 19, 31, 41, 47, 48, 96, 98, 128, 130, 135, 159, 160, 163, 189
psico cibernética 203, 234
punto de anclaje 90

R

reacción 113
realidad 11, 19, 20, 23, 33, 35, 41, 46, 52, 57, 58, 59, 60, 61, 69, 71, 72, 73, 76, 96, 99, 103, 109, 139, 140, 161, 162, 174, 181, 185, 188, 189, 193, 194, 195, 199, 207, 208, 210, 211, 212, 213, 214, 215, 216, 217, 218, 219, 221, 224, 225, 229
recaudar fondos 108
redactores 104
redes sociales 190
reinvención 84, 155
relación con el dinero 30, 35, 41, 49, 52, 57, 59, 73, 110, 128, 133, 135, 138, 142, 150, 223, 228, 229
rendición 60
responsabilidad 62, 122, 133, 138, 139, 160, 163, 223, 229
restaurantes 97
riesgos 13, 15, 92, 93, 158, 224
rima infantil 61
riqueza 13, 15, 17, 19, 62, 110, 119, 133, 160, 161, 169, 171, 187, 188, 189, 190, 191, 211, 212, 213, 214, 225, 226
Risky is the New Safe 189

Rockford Files, The 44

S

SAR (Sistema de Activación Reticular) 203, 204
Science of Getting Rich, The 14, 205, 235
Secret Prayer, The 16, 169, 231, 235
seguridad financiera 182
serenidad 60, 116
Serling, Road 216
servicio pro bono 108
Seven Lost Secrets of Success, The 37, 234
siete obstáculos 197, 247
sistema de creencias 212
sociedad 34, 40, 41, 78, 98, 134, 150, 160, 188
soluciones 68, 90, 99, 226
So, You Can Have It All 195
sueño 15, 17, 45, 47, 104, 107, 112, 146, 198, 199, 215
Superman Syndrome, The 194, 234
Sweetland, Ben 171

T

taichí 84
transformación 13, 65, 84, 127, 130, 131, 138, 159, 160, 228, 229
Treasure Hunt, The 195
trueque 52, 54
Trump, Donald 16, 200

U

Unlimited Wealth 187, 188

V

vacío 55, 73, 84, 93, 96, 141, 142, 146
valentía 93, 158
valor 16, 21, 52, 79, 105, 111, 115, 117, 128, 157, 199, 218
Van Dusen, Mitch 21, 63, 68
velocidad 45, 82, 90
vender 16, 53, 77, 78, 101, 102, 103, 104, 113, 117, 118, 246
verdad 29, 37, 59, 62, 82, 90, 96, 109, 113, 123, 160, 177, 178, 189, 191, 199,
viaje 16, 33, 41, 45, 67, 76, 79, 83, 85, 90, 102, 131, 145, 159, 169, 198, 221, 225, 230
victimismo 64, 65, 137, 138, 139, 142, 145, 149, 160, 161, 162, 223
visión 15, 35, 39, 48, 71, 76, 77, 78, 91, 102, 107, 122, 123, 127, 128, 130, 131, 135, 151, 185, 198, 199, 210, 213, 219

W

Walters, Barbara 195
Wattles, Wallace 14, 205, 235
Wellness Revolution, The 187
What If it All Goes Right? 233
Winfrey, Ophra 194

Y

yin-yang 142
Young, Vash 37, 235

Z

Zappos 200
Zen and the Art of Writing 113, 234
Zero Point, The 109, 237
Ziglar, Zig 104, 185
zona de confort 62, 199

Índice

Prométete 11
El credo del millonario concienciado 13
Prefacio 15
Introducción 19
Agradecimientos 21
Prólogo 23

SECCIÓN UNO: NOSOTROS 27
Capítulo 1 La verdad 29
Capítulo 2 Millonarios concienciados 37
Capítulo 3 Un despertar 43
Capítulo 4 ¿Qué es real? 51
Capítulo 5 Contraintenciones 57
Capítulo 6 La fórmula 65
Capítulo 7 El espejo 71
Capítulo 8 La misión 75
Capítulo 9 El olvidado Penney 77
Capítulo 10 ¡Expándete! 81
Capítulo 11 El aliado interno secreto 89
Capítulo 12 El único propósito del dinero 95
Capítulo 13 Olvídate de vender, empieza a compartir 101
Capítulo 14 ¿Cuánto es suficiente? 107
Capítulo 15 Nunca jamás vuelvas a fracasar 111
Capítulo 16 Todos salen ganando 115
Capítulo 17 La Gran Idea 121

Sección dos: Tú 125
Capítulo 18 Quién puedes llegar a ser 127
Capítulo 19 Decisión 129
Capítulo 20 Dinero 133
Capítulo 21 Medalla de oro de obstáculos 137
Capítulo 22 Vacíate completamente 141
Capítulo 23 Los tres 145
Capítulo 24 El alma del dinero 149
Capítulo 25 Invierte en ti 151
Capítulo 26 Tu guía interior 155
Capítulo 27 Por dónde empezar 159

Epílogo 165

Sección extra 167
La oración del millonario concienciado 169
Los diez principios del manifiesto de la abundancia 171
Conversaciones con millonarios concienciados 187
Los siete obstáculos 197
Mariposas y tu SAR 203
Ayuda a París: el poder de la intención colectiva 207
El proceso de cuatro dimensiones: desencadenar la hipermanifestación para la riqueza 211
Dentro del credo 221
Tu siguiente paso 229

Recursos 231
Bibliografía 233
Acerca del autor 237
Índice analítico 239

En este libro está todo lo que necesitas saber para ser un *coach* de éxito.

Entre muchas otras cosas, aprenderás:

- Conceptos y técnicas para mejorar tus competencias como asesor.
- Estrategias de mercadotecnia para conseguir clientes y optimizar tu negocio.
- Cómo reforzar tus competencias y habilidades únicas.
- A superar tus miedos e inseguridades.

Tanto si eres consultor como si deseas serlo, este libro te ayudará a superar las creencias que te limitan y te dará los conocimientos para que lleves a cabo esta práctica con eficacia.

Los autores, considerados unos de los mejores *coaches* actuales, te cuentan sus propias experiencias para ayudarte a explotar esa mezcla única de habilidades y conocimientos que ya posees y llegar a ser un excelente *coach*.

¿Trabajas duro, haces todo correctamente y aún así pocas veces consigues los resultados que esperabas? Mientras luchas para llegar a fin de mes, ¿deseas ser una de esas personas afortunadas a las que parece que la vida les sonríe y que tienen el éxito al alcance de la mano? En realidad, tú podrías ser una de ellas.